Lieux de légendes et de mystère du Québec

Textes : Henri Dorion
Photographies : Pierre Lahoud
Illustrations : Anik Dorion-Coupal
Conception graphique : François Daxhelet
Infographie : Luisa da Silva
Traitement des images : Marie-Josée Lalonde
et Mélanie Sabourin
Révision : Karen Dorion-Coupal
Correction : Karen Dorion-Coupal
et Ginette Patenaude
Cartographie : Louise Marcoux

Pages 2-3 : La forêt enchantée
Page 8 : L'Anse-Pleureuse
Page 14 : L'église Notre-Dame-des-Neiges
Page 17 : Le sorcier de Nipissingue
Pages 238-239 : La Tête d'Indien
Page 240 : Le Gisant de Grande-Vallée
Page 242 : La passe du Manitou
Page 255 : Memphré
Page 256 : Kabir Kouba
Pages 258-259 : La noyée de Charlevoix
Pages 260-261 : La marmite du Géant
Pages 262-263 : La création du Bic

Catalogage avant publication de Bibliothèque et Archives nationales du Québec et Bibliothèque et Archives Canada

Lahoud, Pierre

Lieux de légendes et de mystère du Québec

Doit être acc. d'un disque son.

1. Légendes - Québec (Province). 2. Mythes géographiques - Québec (Province). 3. Curiosités et merveilles - Québec (Province). 4. Légendes - Québec (Province) - Ouvrages illustrés. I. Dorion, Henri, 1935- . II. Titre.

GR113.5.Q8L34 2009 398.209714 C2009-942167-4

Pour joindre les auteurs :
henridorion@videotron.ca
pierrelahoud@oricom.ca

10-09

Dépôt légal : 2009
Bibliothèque et Archives nationales du Québec

ISBN 978-2-7619-2625-6

DISTRIBUTEURS EXCLUSIFS :

- Pour le Canada et les États-Unis :
MESSAGERIES ADP*
2315, rue de la Province
Longueuil, Québec J4G 1G4
Tél. : 450 640-1237
Télécopieur : 450 674-6237
Internet : www.messageries-adp.com
* filiale du Groupe Sogides inc.,
filiale du Groupe Livre Quebecor Media inc.

- Pour la France et les autres pays :
INTERFORUM editis
Immeuble Paryseine, 3, Allée de la Seine
94854 Ivry CEDEX
Tél. : 33 (0) 1 49 59 11 56/91
Télécopieur : 33 (0) 1 49 59 11 33
Service commandes France Métropolitaine
Tél. : 33 (0) 2 38 32 71 00
Télécopieur : 33 (0) 2 38 32 71 28
Internet : www.interforum.fr
Service commandes Export – DOM-TOM
Télécopieur : 33 (0) 2 38 32 78 86
Internet : www.interforum.fr
Courriel : cdes-export@interforum.fr

- Pour la Suisse :
INTERFORUM editis SUISSE
Case postale 69 – CH 1701 Fribourg – Suisse
Tél. : 41 (0) 26 460 80 60
Télécopieur : 41 (0) 26 460 80 68
Internet : www.interforumsuisse.ch
Courriel : office@interforumsuisse.ch
Distributeur : OLF S.A.
ZI. 3, Corminboeuf
Case postale 1061 – CH 1701 Fribourg – Suisse
Commandes : Tél. : 41 (0) 26 467 53 33
Télécopieur : 41 (0) 26 467 54 66
Internet : www.olf.ch
Courriel : information@olf.ch

- Pour la Belgique et le Luxembourg :
INTERFORUM BENELUX S.A.
Fond Jean-Pâques, 6
B-1348 Louvain-La-Neuve
Téléphone : 32 (0) 10 42 03 20
Fax : 32 (0) 10 41 20 24
Internet : www.interforum.be
Courriel : info@interforum.be

Gouvernement du Québec – Programme de crédit d'impôt pour l'édition de livres – Gestion SODEC – www.sodec.gouv.qc.ca

L'Éditeur bénéficie du soutien de la Société de développement des entreprises culturelles du Québec pour son programme d'édition.

Le Conseil des Arts du Canada
The Canada Council for the Arts

Nous remercions le Conseil des Arts du Canada de l'aide accordée à notre programme de publication.

Nous reconnaissons l'aide financière du gouvernement du Canada par l'entremise du Programme d'aide au développement de l'industrie de l'édition (PADIÉ) pour nos activités d'édition.

Henri Dorion **Pierre Lahoud**
Illustrations : Anik Dorion-Coupal

Lieux de légendes et de mystère du Québec

LES ÉDITIONS DE L'HOMME
Une compagnie de Quebecor Media

Pour la suite des choses

À mes grands-parents libanais, Maria-Anna Petrus et Joseph Lahoud, qui m'ont appris à ne pas oublier.

Pierre

À mes petits-enfants : Thomas, James, Charles-Emmanuel, Alexis, Léa, Olivier, Naomi, Vincent et Romain… pour qu'ils racontent ces légendes à leurs petits-enfants.

Henri

Table des matières

Carte des lieux de légendes ... 12
Légendes et réalité ... 15

La main de Dieu ... 18
1. La création du Bic ... 21
2. Le champ des Guérets ... 27
3. L'église Notre-Dame-des-Neiges ... 33

Le Diable est partout ... 38
4. Une autre chasse-galerie ... 41
5. La Griffe du Diable ... 47
6. L'église du Diable ... 53

L'éternelle absence ... 58
7. La Roche pleureuse ... 61
8. Le rocher de Grand-Mère ... 67
9. La Tête d'Indien ... 73

La présence des disparus ... 78
10. La Noyée de Charlevoix ... 81
11. La Dame blanche et son voile ... 87
12. Le Gisant de Grande-Vallée ... 93

Animaux légendaires ... 98
13. Le cap à l'Orignal ... 101
14. Le rocher à l'Oiseau ... 107
15. Le cap Chat ... 113

Arbres fabuleux ... 118
16. La Forêt enchantée ... 121
17. L'Anse-Pleureuse ... 127
18. Le Pin solitaire ... 133

Chemins dangereux **138**
19. La Descente des Femmes 141
20. Le lac des Tombeaux 147
21. La passe du Manitou 153
Chamans et manitous **158**
22. Kanasuta, la montagne des esprits 161
23. Le sorcier Nipissingue 167
24. Le mont Tremblant 173
Et des monstres **178**
25. Kabir Kouba, le grand serpent 181
26. Memphré, un monstre discret 187
27. Les Méchins 193
Plus grands que nature **198**
28. La marmite du Géant 201
29. La naissance du Saint-Maurice 207
30. Le cap Trinité 213
Les visiteurs de l'au-delà **218**
31. La Maison hantée de Trois-Pistoles 221
32. Les âmes du lac Hertel 227
33. Les revenants de Saint-Octave 233

Épilogue 241
Chansons de légendes 243
Remerciements 257

Carte des lieux de légendes

1. Le Bic
2. Rigaud
3. Trois-Pistoles
4. Rivière-Ouelle
5. Saint-Lazare
6. Havre-Aubert, La Vernière
7. Île aux Coudres
8. Shawinigan
9. Saint-Georges-de-Malbaie
10. Notre-Dame-des-Monts
11. Québec
12. Grande-Vallée
13. Le Bic
14. Fort William
15. Cap-Chat
16. Ville-Marie
17. L'Anse-Pleureuse
18. Sherbrooke
19. Sainte-Rose-du-Nord
20. Manawan
21. Mingan
22. Rouyn-Noranda
23. Rawdon
24. Mont-Tremblant
25. Wendake
26. Magog
27. Les Méchins
28. Beaupré
29. La Tuque, Trois-Rivières
30. Tadoussac
31. Trois-Pistoles
32. Mont-Saint-Hilaire
33. Saint-Octave-de-L'Avenir

Légendes et réalité

Légendes et réalité : deux mots que l'on met souvent en opposition. Pourtant, ils sont d'une nécessaire complémentarité et même, osons le dire, d'une mutuelle nécessité. Une légende naît parfois du désir de comprendre une forme terrestre ou un événement au-delà des explications que la science a quelquefois la prétention de nous donner sous le sceau de l'infaillibilité.

On sait bien que la géographie et l'histoire sont indispensables pour comprendre le monde qui est le nôtre. Cela dit, Hérodote, ce savant grec qui a vécu quatre siècles avant notre ère et que l'on considère comme le père de l'histoire et de la géographie, n'a pas fait qu'élaborer des théories pour démontrer la logique des réalités terrestres. Il voulait aussi célébrer la beauté du monde.

Or comment célébrer la beauté du monde sans écouter avec respect les histoires qu'on raconte sur ce que la terre nous offre d'inhabituel, d'étrange, de mystérieux ? C'est bien là que légende et réalité se rencontrent. L'une et l'autre ne s'opposent pas vraiment ; elles s'interrogent, se répondent et font somme toute bon ménage. Le Québec, terre de mystère, est riche de ces coins de pays qui ont inspiré des légendes venues nourrir l'esprit des lieux. Ce livre entend témoigner de la fertile complicité entre légende et réalité.

La géographie nous enseigne que la croûte terrestre est faite de roches calcaires, d'érosion glaciaire, d'activité sismique. C'est une manière de dire les choses. On peut aussi dire qu'il existe des roches pleureuses, des griffes du diable, des monts tremblants.

La météorologie nous enseigne qu'un arc-en-ciel est un phénomène physique et optique de réfraction et de réflexion de la lumière dans les gouttes d'eau encore en suspension après un orage. Mais est-ce que l'arc-en-ciel ne serait pas aussi une passerelle irisée de toutes les couleurs de la vie par laquelle des messages nous parviennent du monde des esprits ?

Quelque part, entre mer et forêt, loin des bruits de la ville, un sage a capté ces messages. L'esprit des lieux, notre compagnon de voyage, s'est laissé instruire sur la beauté du monde et le sens des choses. Repérant les lieux magiques où la terre livre ses confidences, il nous a généreusement confié une partie de ses secrets. Quelle chance pour nous qui errions par le paysage, caméra, bloc-notes et carte géographique à la main ! Ce livre en est le résultat.

Chaque lieu de légende est présenté, dans sa féerie (légende et illustration) comme dans son explication (commentaire et photographie). Dans certains cas, celle-ci peut n'être qu'hypothétique, car il n'est pas toujours facile de construire un pont entre légende et réalité. Pour inviter au voyage, nous indiquons au lecteur la route à suivre (rubrique Comment s'y rendre), lui fournissons une carte de la région et lui présentons divers sites d'intérêt (rubrique Et autour), sans oublier d'évoquer des lieux qui, chez nous ou ailleurs, sont animés par des légendes analogues (rubrique *Airs de famille*).

La *sonorité des lieux* constitue la quatrième dimension de cet ouvrage. Il nous importait de l'ajouter à notre présentation, ne serait-ce que pour acquiescer au propos de Nietzsche : « Sans la musique, la vie serait une erreur. » Ainsi, dix poèmes chantés recoupent dans un autre registre les trente-trois légendes de ce recueil.

Pourquoi trente-trois… ? Pour certains, il s'agit d'un chiffre magique. Au tarot, d'un indicateur que les anges ne sont pas loin. Pour nous, d'un hasard… ou presque.

Mode d'emploi

On peut raconter les légendes aux jeunes auditeurs n'importe où, mais préférablement sur les lieux qui les ont inspirées. Les rêves engendrés, ainsi bien enracinés, ne risquent alors pas d'être dissipés par l'explication géographique.

Les auditeurs plus âgés pourraient être enclins à aborder les lieux par le biais géographique puis à vouloir les *humaniser* en découvrant la légende qui y est enchâssée.

La méthode impressionniste consisterait, quant à elle, à écouter les chansons, à imaginer la légende, à en prendre connaissance puis à l'ancrer dans son commentaire.

On peut enfin concevoir un jeu destiné aux connaisseurs de légendes. On leur montre les photos du lieu en leur demandant d'identifier la légende qu'il a inspirée. Besoin d'une deuxième chance ? On leur montre l'illustration (en ayant soin d'en masquer le titre). Ceux qui obtiennent 33 bonnes réponses ont droit à un voyage sur les lieux de légende (pour peu que l'animateur ait prévu un budget à cette fin).

La main
de Dieu

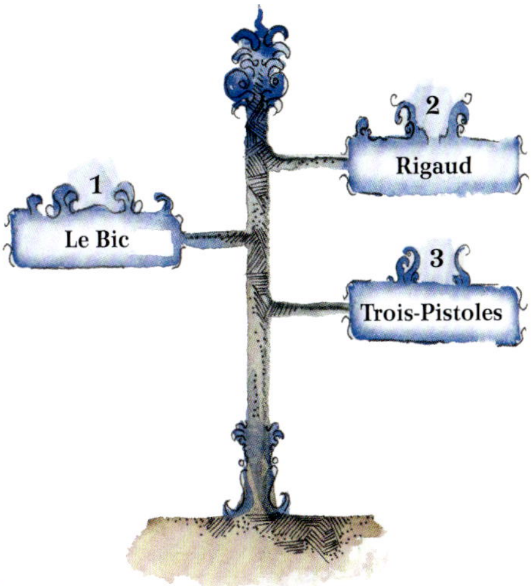

L'être suprême, qu'on l'appelle le bon Dieu, Allah ou le Grand Manitou, a fait descendre le long d'un immense arc-en-ciel toutes sortes de personnages à deux, quatre ou mille pattes, et même quelques-uns sans pattes du tout. Il leur a donné un code de conduite qu'ils doivent absolument respecter, sans quoi… gare !

Les récits qui suivent illustrent trois traits de son caractère : une grande générosité, une propension à donner des conseils et un sens rigoureux de la justice qui l'amène à punir les insoumis ; il s'agit des légendes **La création du Bic, Le champ des Guérets** et **L'église Notre-Dame-des-Neiges.**

La création du Bic

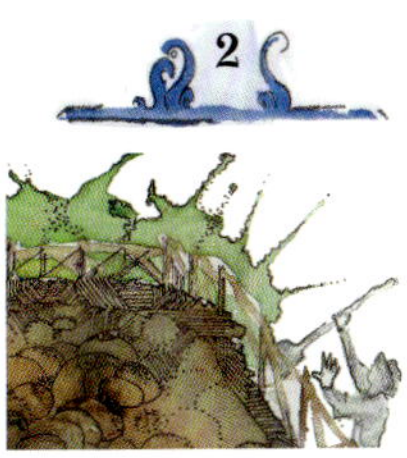

Le champ des Guérets

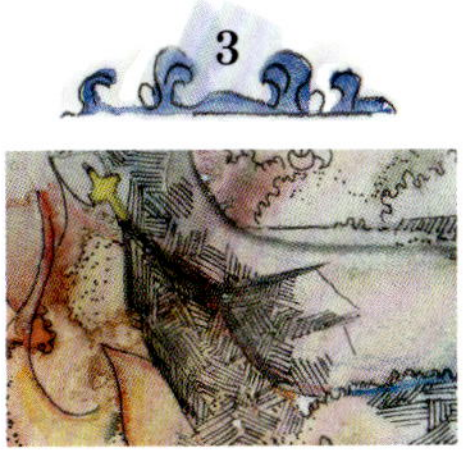

L'église Notre-Dame-des-Neiges

1

Le Bic

La création du Bic

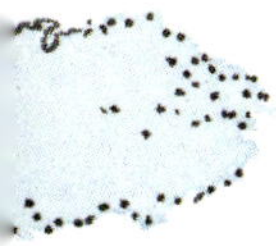

Lorsque les explorateurs européens remontent le Saint-Laurent pour la première fois, ils s'étonnent de rencontrer un nombre aussi impressionnant d'îles, d'îlots et de rochers : des centaines, des milliers ! Ils n'en ont jamais vu autant dans leurs « vieux pays ». Ignorants de l'histoire des contrées qu'ils croient découvrir, ils en connaissent encore moins les mystères. C'est aux peuples qui les ont accueillis, ceux qui étaient là bien avant Jacques Cartier, que l'on doit le récit de l'origine des îles du Saint-Laurent.

Au Bic, les derniers soubresauts des Appalaches ont bénéficié de la générosité du Grand Manitou qui y a jeté îles, presqu'îles, caps et cabourons.

C'est pure vérité, n'en doutez pas ! Un jour, un jour très long qui a peut-être duré un siècle, peut-être mille, le Grand Manitou, occupé à façonner la surface de la Terre pour y installer ses créatures, comprit qu'elles auraient besoin d'eau pour survivre et pensa qu'un grand fleuve ferait bien l'affaire. Ce fleuve les approvisionnerait en nourriture et leur permettrait de se déplacer. Il leur donnerait un « chemin qui marche ». Voici comment il procéda. En grattant la plaine de ses longs ongles puissants, il creusa un profond sillon et traça la voie à un fleuve qui ne tarda pas à y installer son cours, transportant avec lui des parcelles du pays d'en haut et les abandonnant ici et là le long de ses rives. Ce sont les îles que l'on connaît.

Mais le bon Grand Manitou pensa soudain que les rives du nouveau fleuve avaient aussi droit à des parcelles du pays d'en haut et se décida à leur offrir les plus belles, les distribuant aux quatre coins de sa création. Au terme d'un long travail appliqué, le pays était presque partout couvert de collines, de monts, de montagnes, de pics… Un résultat magnifique ! Il faut dire qu'en dépit de sa magna-

Chaque élément de cet archipel littoral, ou presque, a sa légende.

nimité, le Grand Manitou avait pris soin de garder pour lui les plus beaux morceaux, qu'il avait soigneusement rangés dans un immense sac fait de peaux de baleines.

Certains disent que le Grand Esprit aurait bien gardé indéfiniment ses joyaux s'il n'avait pas rencontré le méchant Manitou qui, par pure malice ou pour le punir de son petit mouvement d'égoïsme, creva son sac avec ses cornes. D'autres croient plutôt que le bon Manitou aurait trouvé le sac trop lourd pour continuer son chemin ou que, pris de remords de garder pour lui ses plus belles œuvres, il décida de renverser son sac à la hauteur du Bic, sur le littoral, de façon que la mer et la terre bénéficient toutes deux de son nouveau geste généreux.

Coup du Malin ou triple don du Grand Esprit, c'est ainsi que les collines, monts et montagnes du Bic sont autant des éminences terrestres que des îles ou des presqu'îles. Seul ou avec son rival, il reste que le bon Manitou a composé là un des plus beaux paysages du pays.

Un émiettement des Appalaches

Si le bon Manitou avait, dans sa besace, des échantillons de beauté terrestre à répandre ici-bas, Dame Nature avait, autant que lui, bien des tours dans son sac quand la région du Bic a été créée. Un savant mélange de phénomènes (géologie, sédimentation, plissements, failles, érosion) a en effet composé le paysage spectaculaire qui fait du parc du Bic un des hauts lieux de la beauté appalachienne. Dans cette région, les plissements de l'ère géologique du Cambrien supérieur, déversés vers le nord-ouest, ont été remaniés par le glacier. Celui-ci, à la fin de l'ère glaciaire, s'écoulait vers le nord à partir d'une calotte glaciaire résiduelle qui recouvrait encore une partie de la région, alors qu'elle avait déjà fondu à l'emplacement actuel du fleuve et un peu plus au nord.

L'action combinée de ces phénomènes a laissé des crêtes coupées dans les deux sens, soit une série de *cabourons,* qui forment ce que l'on pourrait appeler un *archipel littoral.* L'érosion littorale aidant, des lambeaux de plis appalachiens ont pris la forme de collines allongées alors que d'autres, en position littorale, ont donné une série de caps, de presqu'îles, de flèches, de tombolos et d'îles qui font du Bic un extraordinaire laboratoire de géomorphologie, un de ces « exemples créés par Dieu pour les étudiants de géographie », comme le disait le grand géographe Pierre Deffontaines.

La création du Bic

Comment s'y rendre

Vous suivez la route 132 jusqu'au Bic (530 km de Montréal, 300 km de Québec). Au poste d'accueil du parc national, on vous indiquera les circuits qui permettent de comprendre la logique géographique de ce magnifique ensemble. Du sommet du pic Champlain ou du belvédère Raoul-Roy, vous aurez une splendide vue d'ensemble.

Et autour

Rimouski se trouve à 15 km à l'est du parc national du Bic. Trois musées vous y attendent : le Musée régional de Rimouski, la maison Lamontagne (1744) et le Musée de la Congrégation des Sœurs de Notre-Dame du Saint-Rosaire.

À quelques kilomètres plus à l'est, le Site historique maritime de Pointe-au-Père expose des pièces relatives au naufrage de l'*Empress-of-Ireland* qui avait fait 1012 morts en 1914. Vous pouvez aussi y visiter le sous-marin *Onondaga*.

Airs de famille

CHEZ NOUS : Que notre Terre vienne du ciel, nous ne sommes pas les seuls à le croire. La légende de l'origine du peuple wendat abonde dans ce sens. Elle raconte qu'une femme nommée Ataentsik était descendue d'un monde céleste vers une mer au fond de laquelle un crapaud vint la chercher et la ramener à la surface en créant une île qui devint notre Terre.

AILLEURS : Les Géorgiens, un peuple qui ne souffre d'aucun complexe d'infériorité, estiment que, une fois distribués les biens de la Terre, l'Être suprême garda le meilleur pour un *peuple élu* qui était, évidemment, le peuple géorgien. Il faut dire que la Géorgie porte bien son surnom : *terre généreuse.*

2

Rigaud

Le champ des Guérets

A-t-on idée de labourer son champ le dimanche, le jour du Seigneur, le seul de la semaine qui soit réservé à la prière et aux bonnes œuvres ? Nos bons curés l'ont dit et répété : le jour du Seigneur, *c'est le jour du Seigneur*. C'est à lui, et à lui seul, que toute action doit être consacrée. Mais il se trouve toujours des fins finauds qui ne craignent ni Dieu ni Satan, se croyant assez forts pour défier le sort et passer outre aux diktats de notre mère, la sainte Église.

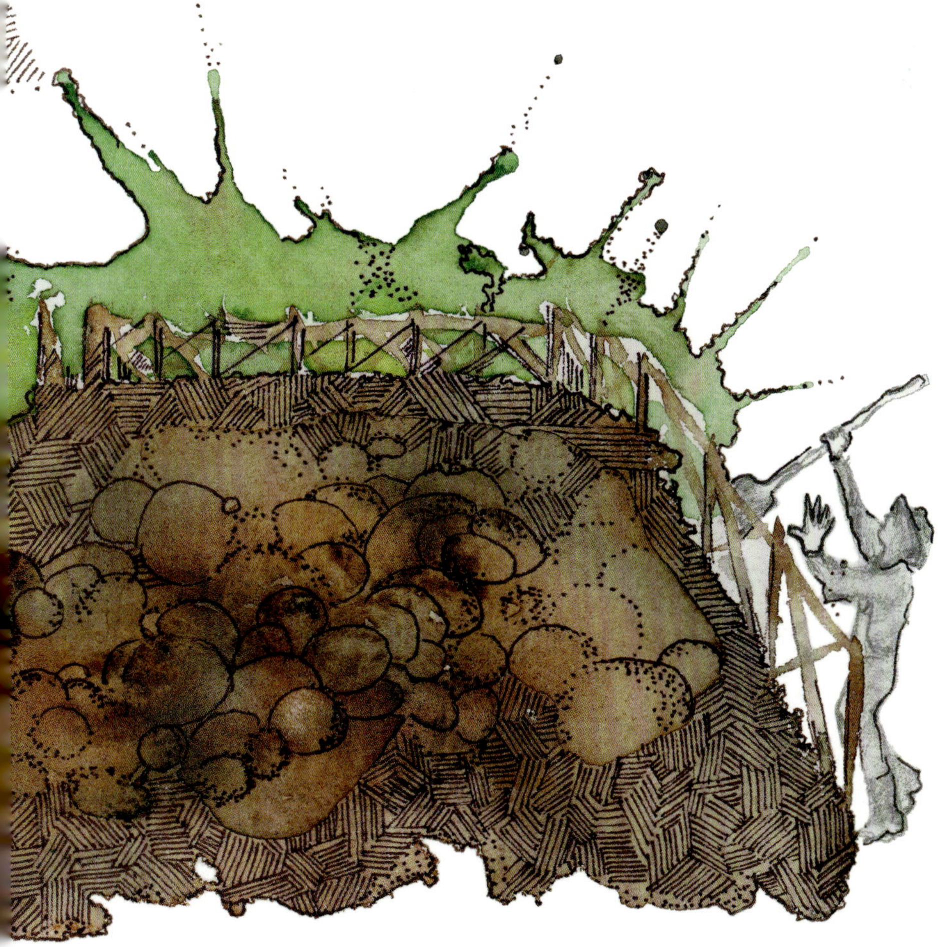

Et dire que si notre rastaquouère avait respecté le jour du Seigneur, toutes ces roches auraient pu finir en bonnes pommes frites !

Toujours est-il qu'à Rigaud, un rastaquouère venu d'on ne sait où avait acquis, dans des conditions demeurées mystérieuses, une terre qu'il disait pouvoir faire fructifier mieux que quiconque, grâce à des techniques dont lui seul avait le secret. On avait bien essayé de l'amener à révéler son stratagème, mais, là-dessus, il gardait un silence de mort, se contentant d'annoncer : «Vous verrez ce que vous verrez ! » C'était bien assez pour engendrer la suspicion, qui finit bientôt par gagner le village en entier.

Au printemps suivant, il se mit très tôt à dépierrer puis à labourer son lopin de terre dont personne, jusque-là, n'avait pensé qu'il pourrait être de quelque utilité agricole. À vrai dire, notre homme était valeureux ; il travaillait jour et nuit, sept jours sur sept. On se demandait où il puisait son incroyable résistance à l'effort. Le hic, c'est qu'à Rigaud comme ailleurs au Québec, le septième jour, eh bien, c'est le jour du Seigneur ! Et que le Seigneur tient à ce que ce jour demeure le sien.

À cette époque, Rigaud et ses environs étaient plongés tous les dimanches dans un silence respectueux… ou presque. On n'entendait ni le hennissement des chevaux au travail ni les grelots de leurs licous. Seules résonnaient dans l'air pur du village les cloches de l'église appelant les fidèles à leurs devoirs religieux. Ce printemps-là, toutefois, une exception confirmait la règle. Si l'on prêtait bien l'oreille, on pouvait deviner que quelqu'un osait travailler son champ, là-haut sur la colline : Lui, bien sûr (à défaut de connaître son nom, les villageois l'avaient appelé « Lui »).

Comme c'est aussi la règle dans tout village socialement bien soudé, on dénonça l'auteur de l'activité irrespectueuse. Le curé, le maire, le notaire, le bedeau furent très vite informés de cet écart inacceptable. On devine bien lequel des bons citoyens a communiqué directement avec le Père. On en connut d'ailleurs vite le résultat. Tout le monde constata, le lundi matin (le premier à s'en rendre compte fut bien sûr notre rastaquouère), que les patates qu'il avait, il est vrai, réussi à faire pousser avant tous les autres, étaient devenues… des roches. Aussi belles, aussi rondes que des patates… mais des roches. La dénonciation du curé avait porté ses fruits.

Cette année-là, il y eut moins de patates sur les tables de Rigaud, mais la région avait gagné un lieu de pèlerinage. À côté du sanctuaire Notre-Dame-de-Lourdes, il faut aller voir, à flanc de coteau, le champ des Guérets, mystérieux champ de roches qui rappelle aux nombreux visiteurs que le dimanche, c'est fait pour prier, pas pour labourer !

Derrière Rigaud, le champ de patates de notre infidèle était bien protégé par son écran forestier, mais il n'a pas échappé à la vigilance du Très-Haut.

La géographie, complice du Créateur

On le sait maintenant, dans cette affaire, le bon Dieu avait des complices. Ils s'appellent : *Glacier, Moraine, Vent, Érosion.* Les enquêteurs géomorphologues ont reconstitué la scène. Venu du nord, le glacier s'est avancé, il a arraché du socle rocheux des blocs de pierre, les a roulés vers le sud en les mélangeant au sable et au gravier et il a déposé au flanc des collines la moraine qui en a résulté. Plus tard, le vent et l'écoulement des eaux de surface ont évacué le matériau meuble, essentiellement le sable. Qu'en est-il resté de ce lessivage systématique ? Un champ de roches. Voilà...

Pour appuyer cette explication, on a aussi amené en preuve le nom donné à ce phénomène bizarre, *les guérets*. Un linguiste est venu expliquer que ce terme signifie « une terre non ensemencée » et qu'il faut en conclure que les patates de la légende sont davantage sorties de l'imagination populaire que de la terre nourricière. Est-ce à dire que le bon Dieu n'est pas intervenu ? Laissons-lui au moins le crédit d'avoir soufflé à l'oreille des gens du cru que l'irrespect du repos dominical peut avoir de graves conséquences. Qu'on se le dise ! Et qu'on se rassure : des chercheurs du Nouveau-Brunswick viennent d'inventer une machine qui broie les pierres tout en ramassant les pommes de terre.

Mais la pierre de la montagne de Rigaud a connu un usage plus noble encore ; au siècle dernier, on en a découpé des blocs de granit rouge qui ornent aujourd'hui la façade de la robuste église de Rigaud. Satan n'en est sans doute pas très heureux, d'autant plus que, tout à côté du champ de roches, s'élève maintenant le sanctuaire Notre-Dame-de-Lourdes où la récitation du chapelet et la célébration eucharistique sont quotidiennes. Une garantie qu'il n'osera sans doute plus revenir hanter les lieux.

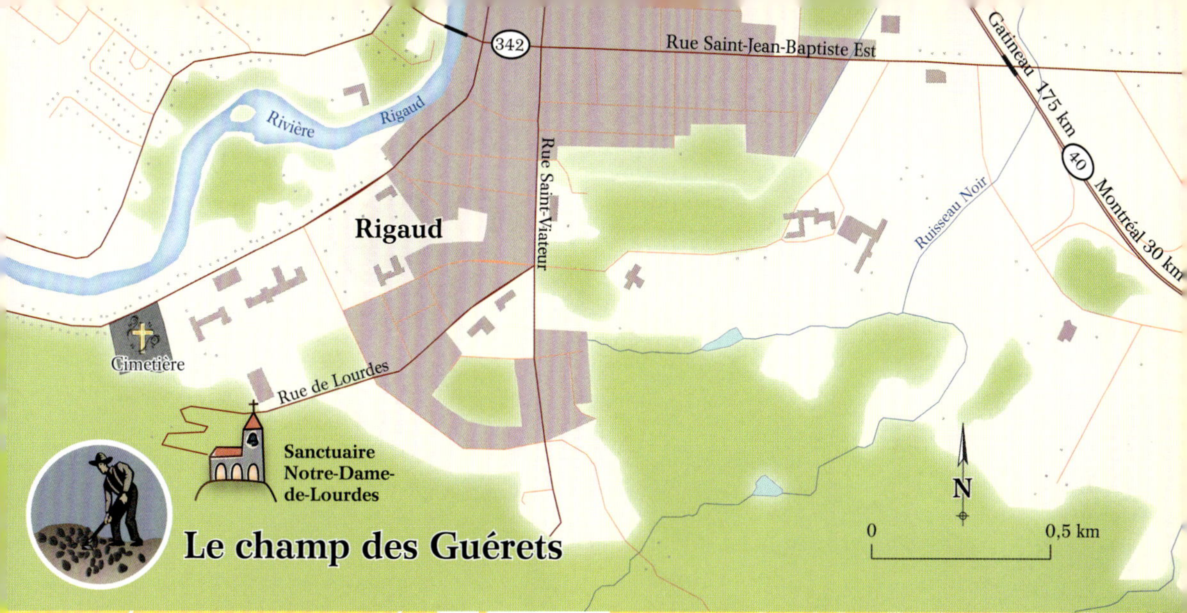

Le champ des Guérets

Comment s'y rendre

Une fois dans le centre de Rigaud, prendre la rue Saint-Viateur, puis l'avenue de Lourdes jusqu'au sanctuaire Notre-Dame-de-Lourdes. Du stationnement, un chemin pavé monte vers le champ de roches ; un panneau annonce *Les Guérets*. On gravit facilement cette côte à pied, c'est tout près.

Et autour

À 15 km au nord-ouest de Rigaud, à Pointe-Fortune, le barrage de Carillon barre la rivière ; il a été érigé près de l'endroit historique de Long-Sault. On peut y visiter la centrale hydroélectrique la plus puissante de la rivière des Outaouais. Immédiatement au nord, sur la route 344, le canal de Carillon a été aménagé en *lieu historique national*.

Airs de famille

CHEZ NOUS : Dans la région Côte-du-Sud du Québec, un autre paysan a aussi défié la loi du repos dominical. Même péché, même punition : ses patates sont devenues des roches. Parfois, le dimanche, on entend à cet endroit les grelots du cheval complice, d'où le nom, en langage local, de *champ des Guerlots*, qu'un cartographe anglophone a interprété comme *Sugar Loaf*, qui a ensuite été traduit par… *Pain-de-sucre* pour désigner ce champ sans grand relief. *Traduttore, traditore.*

AILLEURS : Dieu applique la même loi partout, qu'il s'agisse de patates ou d'êtres humains. Près du petit village de Sailly-en-Ostrevent, dans le nord de la France, sept jeunes filles avaient l'habitude de braver les interdictions du saint curé. Le dimanche, pendant les vêpres, elles allaient danser sur le flanc de la colline. Les *Sept Bonnettes*, comme on les appelle là-bas, furent changées en pierres. Elles sont toujours là, figées pour l'éternité.

3
Trois-Pistoles

L'église Notre-Dame-des-Neiges

Le Diable a fait bien des ravages dans le pays. Combien de fois est-il intervenu pour semer à tous vents ses mauvais conseils, induire les bonnes gens au mal et jusqu'à acheter des âmes naïves en leur promettant mer et monde ! On lui attribue aussi la responsabilité de plus d'une catastrophe, parfois même celles dont on dit que « le ciel nous est tombé sur la tête ». Car la traditionnelle lutte d'influence que se livrent Satan et le bon Dieu ne semble pas près de s'éteindre. Prenez l'exemple du drame qui s'est un jour abattu sur le calme village de Trois-Pistoles. Ni le curé ni les habitants du village, dont personne ne se serait permis de mettre en doute la piété et la dévotion, ne pouvaient avoir commis quelque faute qui eût mérité une telle punition du Ciel. Manifestement, seul le Diable en personne pouvait être à l'origine du méfait.

Depuis quelque temps, on entendait des bruits sourds inhabituels, et la terre elle-même semblait craindre quelque malheur ; on aurait dit qu'elle en tremblait. C'était bien assez pour qu'on se mette à soupçonner le Malin de rôder dans les parages. On en eut la preuve quand éclata l'incendie qui, en plein mois d'août 1848, fit de l'église un amas de cendres. Or ce méfait eut, sur les fidèles, l'effet contraire de ce que souhaitait le Diable. Au lieu de les éloigner de la pratique religieuse, il attisa la ferveur de toutes ces bonnes gens qui s'en remirent à Dieu pour réparer les dégâts d'un crime dont seul Satan pouvait être l'auteur. Jamais n'avait-on prié autant dans la paroisse. Le bon curé, qui demeurait par ses prières en communication constante avec le Créateur, lui demanda conseil : comment redonner aux fidèles une église digne de leur dévotion ?

Une première interrogation hanta les esprits : où reconstruire le temple de Dieu ? Sur les lieux du sinistre ? On craignait qu'il puisse être frappé de malédiction. Alors ailleurs ? La question était pertinente, mais les citoyens demeuraient partagés : du côté de la mer ou du côté de la montagne ? Certains disaient que Satan, dont on sait que le repaire est quelque part en bas, se cachait dans les profondeurs du fleuve d'où il émergeait parfois pour faire ses mauvais coups. D'autres pensaient que, comme les grands rapaces, il nichait sur les sommets d'où il épiait ses éventuelles victimes.

Le conseil du Très-Haut ne se fit pas attendre. Le Ciel, c'est bien connu, parle par signes. Dieu répondit donc à la supplique du prêtre en envoyant aux paroissiens un signal on ne peut plus clair. En l'espace d'une nuit, comme cela arrive souvent, on passa de l'automne à l'hiver. Voilà qu'au petit matin le village avait perdu ses

Et de nouveau, l'hiver venu, l'église de Trois-Pistoles sera recouverte de neige, comme partout autour.

Il n'y a pas que les humains et les saints qui méritent un monument. Même le Diable y a droit, surtout si, déguisé en cheval noir, il a aidé à construire la maison de Dieu.

couleurs et revêtu un manteau de neige d'un blanc immaculé. Les parcs, les rues, les toits, tout était blanc. Tout, sauf un mystérieux carré d'herbe, étonnamment tendre pour ce temps de l'année, que la neige s'était gardée de recouvrir. Oh! ce n'était pas tout à fait un carré, mais plutôt un rectangle dont l'une des extrémités était arrondie et dont les côtés étaient prolongés par deux bras très courts.

Un promeneur matineux, découvrant l'étrange phénomène, s'empressa d'en avertir monsieur le curé, comme le faisait tout bon paroissien dès qu'il notait quelque chose d'inhabituel. Celui-ci se rendit immédiatement sur les lieux et, reconnaissant là la forme parfaite d'une église, déclara solennellement: «Voilà la réponse divine. Dieu a parlé et c'est là que nous devrons reconstruire notre église; elle s'appellera Notre-Dame-des-Neiges.» La sainte Vierge a sans doute apprécié cet hommage, car, depuis lors, le Diable n'est jamais réapparu dans la région. À moins que ce cheval noir qui aida à transporter les pierres destinées à la future église ne fût Satan en personne… On le dit, mais c'est une autre histoire.

D'autres témoins racontent que, cette nuit-là, il n'avait neigé que sur l'emplacement de la future église. La légende a donc aussi son contraire. À vous de choisir.

La neige n'aime pas la chaleur

La première chute de neige n'est jamais très abondante ; elle laisse en général quelques millimètres. Souvent, d'ailleurs, la neige fond dès qu'elle touche le sol encore chaud de l'été qui vient de passer. Ces réserves de chaleur sont inégalement réparties : la profondeur du sol, la nature de la couche de surface, l'exposition au soleil et au vent peuvent agir, parmi d'autres facteurs, pour conserver la nouvelle neige ici, la faire fondre ailleurs. C'est le cas lorsque des structures anciennes sont recouvertes d'une mince couche de sol meuble…

Invisible en surface, le dessin des formes sous-jacentes peut réapparaître ; et c'est normal, car la neige résiste plus longtemps là où le sol est froid et elle fond plus rapidement là où il est plus chaud, même si la différence de température est infime. Qui sait ? Le carré de gazon couvrait peut-être les fondations d'une ancienne construction dont les pierres, sous la surface du sol, avaient emmagasiné plus qu'ailleurs un peu de chaleur… Libre à chacun d'attribuer le phénomène à l'origine du toponyme Notre-Dame-des-Neiges à l'intervention divine ou à la mémoire thermique de la terre.

Il se peut aussi que ce phénomène ait provoqué la situation inverse, à savoir un carré enneigé entouré de sol libre. Dans ce cas, les pierres sous-jacentes auraient emmagasiné du froid plutôt que de la chaleur. En effet, la légende a deux versions. Pour établir la véritable explication, il faudrait faire des recherches et déterminer si, la veille de la chute de neige, il faisait plus chaud ou plus froid. Le défi est lancé aux esprits ambitieux.

Ajoutons qu'il arrive que la légende rattrape l'histoire. Le bon curé de Trois-Pistoles avait peut-être vu l'œuvre intitulée *Le miracle de la neige*, peinte en 1428 par Masolino da Panicale à la demande du pape Martin V. Cette peinture représente le pape Libère, au IVe siècle, se recueillant devant une plaque de neige que le Ciel avait fait déposer, en plein mois d'août, à l'emplacement précis où il devait construire l'église qui devint la basilique Sainte-Marie-Majeure, à Rome.

Depuis, l'ange protecteur veille.

Comment s'y rendre

Rien de plus simple. Vous vous rendez à Trois-Pistoles par la route 132, vous entrez dans le village et vous arrivez nécessairement devant l'église Notre-Dame-des-Neiges. Impossible de la manquer, qu'il neige ou pas.

Et autour

Si vous ne voulez pas quitter le mode *mystère*, restez à Trois-Pistoles et suivez le circuit des légendes : outre celle de Notre-Dame-des-Neiges, vous découvrirez celles des Trois-Pistoles, du *Gobelet d'argent*, du *Tenant du chemin d'en bas*, du *Quêteux*, du *Cheval noir* et de la *Maison hantée*. Quant à cette dernière, il en sera question dans quelques pages…

Airs de famille

CHEZ NOUS : Dans l'église St. Andrew's, à Québec, vous constaterez que le tapis est constellé de fleurs de lys et de flocons de neige. Les fleurs de lys, c'est facile à expliquer. Mais les flocons de neige ? Y aurait-il matière à légende ?

AILLEURS : Au temps du pape Libère, un riche Romain sans héritier avait décidé de léguer sa fortune à qui voudrait bien construire une église consacrée à la Vierge Marie. En rêve, le Ciel l'informa du lieu où construire cette église : là où il neigerait, en plein mois d'août. Il y a donc aussi à Rome, sur le mont Esquilin, une Notre-Dame-des-Neiges.

Le Diable est partout

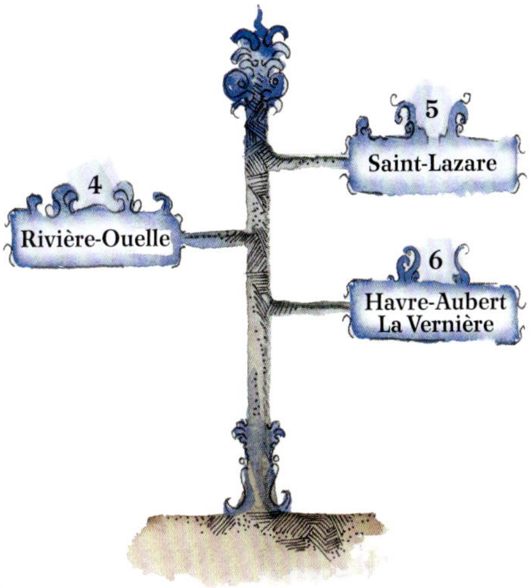

On lisait autrefois dans le Petit Catéchisme: «Où est Dieu? – Dieu est partout. Si Dieu est partout, pourquoi ne le voyons-nous pas? – Parce qu'il est pur esprit.»

Les récits qui suivent nous enseignent que le Diable est également partout et que l'on reconnaît son œuvre dans ses facéties: **Une autre chasse-galerie, La Griffe du Diable** et **L'église du Diable.**

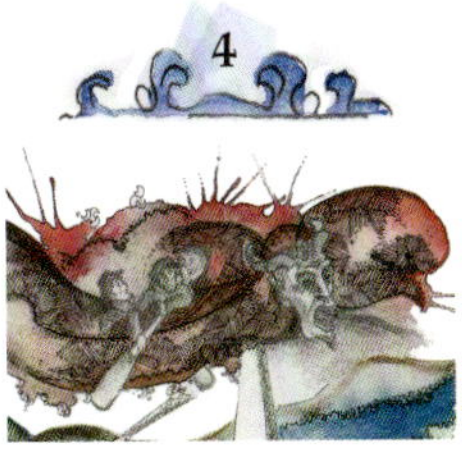

Une autre chasse-galerie

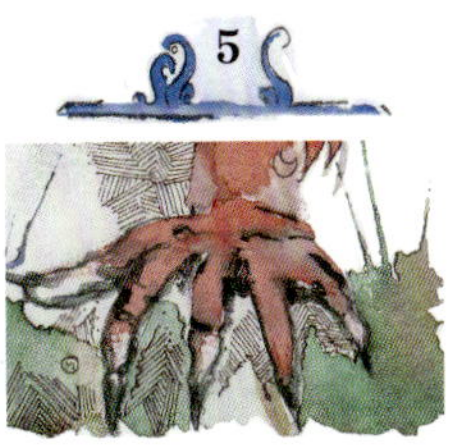

La Griffe du Diable

L'église du Diable

4

Rivière-Ouelle

Certaines légendes donnent froid dans le dos, tant elles relatent des faits vérifiables et vérifiés, des événements décrits avec force détails par des écrivains sérieux. Prenez *la Chasse-galerie*. Personne ne croit que le Diable a fait voyager nos bons bûcherons en canot par-dessus les montagnes à la suite d'un pacte : leur âme contre un voyage au village où se trouvaient leurs bien-aimées.

Pourtant, à lire les témoignages recueillis au sujet de la funeste année 1663, on ne peut s'empêcher d'avoir des frissons. Non seulement la terre se serait mise à trembler comme jamais, mais même le ciel aurait fait sa part pour effrayer les colons : des étoiles filantes l'auraient illuminé en plein mois de février, six mois

Une autre chasse-galerie

À faire voler son canot trop bas, Satan risque de troubler la paix de la terre… et de faire trembler celle-ci.

avant les pluies de perséides. Des bruits sourds surgissaient à la fois des profondeurs de la terre et de la mer. Sur les bords du fleuve et des rivières, des pans complets de falaises se détachaient. Aux Éboulements, un immense bloc de montagne s'est décroché, formant en quelques minutes rien de moins qu'une péninsule en bas du cap. Les murs des maisons se lézardaient, les cadres en tombaient, les animaux couraient en tous sens. On crut que la fin du monde était arrivée et que le Diable avait installé ses quartiers généraux entre Charlevoix et le Kamouraska.

Pendant que la région vivait des heures troublantes, le Malin travaillait cependant ailleurs, dans l'ouest du Québec, où il avait convaincu de bons bûcherons de lui céder leur âme en échange de quoi il les transporterait au-dessus des montagnes et des villages pour qu'ils puissent retrouver leurs blondes restées à quelques lieues de leur camp. On dit que son pont aérien reliait les hauteurs des Laurentides à Lanoraie. Cette légende, on la connaît bien.

Mais il y a plus. Le Diable peut agir partout. Son territoire n'a pas de frontières. Ainsi, pendant qu'il transigeait des âmes dans la plaine du Saint-Laurent, il entendit raconter que des curés du Bas-du-Fleuve avaient prédit grand malheur à la population si elle ne renonçait pas au commerce de l'eau-de-vie avec les Indiens. Il n'en fallut pas plus pour lui donner une idée: «Voilà une occasion de faire trembler la terre, ils verront bien qui en est le maître!» Et c'est ce qu'il fit. La terre trembla. Les colons ont bien sûr d'abord pensé que le Ciel punissait leurs abus de toutes sortes, mais peut-être y eut-il aussi quelque diablerie dans ce tremblement de terre.

On raconte que, ce jour-là, le Malin dirigea un canot magique non pas seulement vers Lanoraie, comme tout le monde le sait, mais un autre aussi vers Rivière-Ouelle, dans le Bas-Saint-Laurent, où par erreur il accrocha le clocher de l'église (peut-être la cheminée, les archives sont imprécises sur le sujet). Quelle fut la part du Diable dans cette catastrophe? Il faut demander aux légendologues d'examiner la question.

Pas facile, pour le pilote du canot volant de trouver ici un terrain d'atterrissage.

Un tremblement de peur… ou de terre

Dans les annales de la Nouvelle-France, l'année 1663 a été *l'année du grand séisme*. Cette période connut des phénomènes naturels qui terrorisèrent une population à laquelle les membres du clergé avaient prédit de grands malheurs si elle ne renonçait pas au commerce de l'eau-de-vie avec les Indiens. Mais ces activités illicites continuèrent de plus belle, et ce qui devait arriver arriva. On aperçut des comètes et survint un violent tremblement de terre, si violent qu'on le ressentit dans toute la colonie. Il fut suivi d'un second, en 1665, qui secoua surtout Charlevoix et eut des effets dévastateurs sur la rive sud. Plusieurs craignirent l'approche de la fin du monde.

Il faut dire que la vallée du Saint-Laurent, qui suit le même axe que la faille Logan, est le théâtre de séismes très fréquents, près d'une centaine certaines années. Après l'île de Vancouver, c'est la zone sismique la plus active du Canada. Des spécialistes estiment que la faille pourrait en être responsable, au même titre que la météorite qui s'est abattue il y a 350 millions d'années sur la région de Charlevoix, que le relèvement de la région depuis le départ du glacier il y a quelque 12 000 ans, ou que le grand jeu des plaques tectoniques. Heureusement, les tremblements de cette terre, autrement tranquille, sont ici presque tous d'une très faible intensité, sauf celui de 1663, qui atteignit la magnitude 7 sur l'échelle de Richter et qui fut ressenti jusqu'à Boston.

Parmi les dommages enregistrés, on a cité la cheminée de l'église de Rivière-Ouelle. Comme le séisme avait surtout fait des dégâts sur la rive nord du fleuve et comme on ne s'était pas privé, à l'époque, de faire intervenir les forces de l'au-delà, la légende a pris le relais. Certains esprits perspicaces ont évoqué une chasse-galerie et attribué au Malin les dommages subis sur la rive sud du fleuve.

Le clocher et la cheminée de l'église de Rivière-Ouelle sont maintenant bien en place… jusqu'au retour d'une chasse-galerie ou à l'arrivée d'un nouveau séisme.

Une autre chasse-galerie

Comment s'y rendre

Pour voir l'église qui a peut-être été touchée par le train aérien de la chasse-galerie, vous vous rendrez à Rivière-Ouelle, au milieu du village que traverse la route 132. Mais si vous préférez croire la légende traditionnelle qui fait atterrir les passagers du Diable à Lanoraie, c'est tout autre chose. De toute façon, dans un cas comme dans l'autre, vous ne verrez pas la signature du Diable ; ses dommages ont été réparés.

Et autour

Le doux pays de Kamouraska regorge de lieux où la nature et l'homme sont en grande harmonie. À La Pocatière, le musée François-Pilote présente la vie traditionnelle du Québec rural. À Saint-Pacôme, en haut de la côte des Chats, un belvédère marqué d'une croix offre une large vue sur la plaine de Kamouraska et ses cabourons.

Airs de famille

CHEZ NOUS : On connaît bien les excès du Diable. Mais le bon Dieu, la perfection même, en commet-il parfois ? Il semble que oui. Il aurait un jour exagérément exaucé le curé de Saint-Médard qui, dans ses prières, l'avait exhorté de sauver la campagne environnante, en proie à une grave sécheresse. C'est un ouragan qu'il lança sur le village ; même le curé fut projeté hors de son presbytère et alla heurter le clocher de l'église, qui s'écroula.

AILLEURS : La légende du Hollandais volant (*The Flying Dutchman*) a fait le tour du monde. Un pirate de mer traversait l'Atlantique si rapidement qu'on l'a toujours soupçonné d'avoir conclu un pacte avec le Diable. Encore aujourd'hui, on accuse Satan de bien des méfaits dans les Caraïbes. Le triangle des Bermudes serait-il sa chasse gardée ?

5

Saint-Lazare

Saint-Lazare est un village prospère du comté de Bellechasse que l'on connaissait naguère pour sa production de sarrasin. On y mène une vie tranquille, mais il n'en fut pas toujours ainsi.

À l'époque où tout cela s'est déroulé, le curé en poste était un sage qui ne ménageait pas ses conseils sur les secrets du commerce avec l'au-delà. La plupart des paroissiens accordaient grand-foi à ses propos. Je dis bien la plupart… Tout village ne compte-t-il pas quelque mouton noir qui n'écoute personne ? À Saint-Lazare, le récalcitrant était un certain monsieur A. (Nous l'appellerons ainsi pour que personne ne puisse reconnaître dans son arbre généalogique un personnage dont il regretterait d'être le descendant.)

La Griffe du Diable

Voilà qu'un bon jour monsieur A décide d'aller cueillir des bleuets, gros, juteux et abondants comme ils en ont la réputation dans la région : on ose dire à Saint-Lazare qu'ils valent ceux du Lac-Saint-Jean ! Ce matin-là, le soleil se chamaille avec les nuages et un tonnerre sourd vient à gronder. Le remue-ménage a un bel avantage : un immense arc-en-ciel fait le pont entre l'église du curé et le haut du 4e Rang. Monsieur A, qui ne croit ni à Dieu ni au Diable, y voit tout de suite un bon présage. « C'est là que j'irai chercher mes bleuets, se promet-il, radieux. » Or, selon la croyance, un arc-en-ciel est un bien mauvais signe au moment d'un départ, surtout un dimanche… Mais ça, monsieur A ne le sait pas.

Une précision s'impose ici : le champ de bleuets sur lequel s'appuie l'arc-en-ciel se trouve sur la terre de monsieur B. (Nous l'appelons ainsi afin que personne ne puisse reconnaître dans son arbre généalogique un personnage dont il pourrait se réclamer pour faire la leçon aux descendants de monsieur A. En matière de légendes, il faut être prudent !)

Aveugle au mauvais signe, monsieur A décide donc d'aller aux bleuets. Mais sitôt arrivé là-haut, qui voit-il ? Celui-là même qu'il voulait éviter, monsieur B, le propriétaire du champ de bleuets qui

Une légende peut naître n'importe où, même à l'emplacement d'une simple roche, blottie entre route et forêt.

Voilà bien la preuve que même les roches ont une mémoire. Celle-ci n'a pas oublié la colère du Malin.

avait compris, lui, le message de l'arc-en-ciel et avait accouru sur ses terres, craignant qu'il s'y tramât quelque chose de pas catholique. Ce qui risquait d'arriver arriva : le trait-carré, d'ordinaire si calme, devint le théâtre d'une querelle entre les deux compères comme le village n'en avait jamais connue.

C'est alors que monsieur A, au sommet de sa colère, crie à son adversaire : « Que le Diable t'emporte ! » Aussitôt dit, aussitôt fait. Le Diable en personne lui apparaît, debout sur une roche. Menaçant comme il sait l'être, il s'approche lentement du bon paroissien en ouvrant sa gueule, rouge de feu, et sort ses griffes, prêt à le saisir. Celui-ci, se rappelant les enseignements de monsieur le curé, se jette à genoux sur les cailloux et multiplie les signes de croix en implorant le Seigneur.

C'en est assez pour que le Diable se sauve aussitôt, non sans manifester sa hargne et sa déconfiture en labourant rageusement de ses griffes la pierre sur laquelle ses pieds brûlants avaient déjà imprimé des marques profondes.

Les compères n'ont pas soufflé mot de leur aventure, mais des recherches sérieuses en démonologie attestent la véracité de l'histoire. Vous pouvez aller constater vous-même que ces marques, gravées dans la pierre, ne démentent pas la légende.

Le glacier serait-il le Diable ?

Les géographes du Québec ont développé une expertise reconnue en géomorphologie glaciaire. Il n'y a là rien de surprenant quand on sait que le glacier continental a recouvert la totalité du territoire québécois et laissé partout des traces de son passage qui font aujourd'hui le délice des géomorphologues. Par endroits, le glacier a transporté puis déposé des tonnes de sable, de graviers et même d'énormes blocs rocheux qu'on appelle *blocs erratiques*. Ailleurs, il a fait comme les écrivains, il y a laissé sa *griffe*, des marques bien ancrées dans la roche.

Les *stries glaciaires* sont des traces d'abrasion causées par le frottement de débris rocheux entraînés à la base d'un glacier en mouvement. Des fragments de roche soudés par le gel à la base d'un glacier en mouvement ont été poussés sur les surfaces sous-jacentes du socle rocheux et y ont gravé des entailles, de manière très similaire à l'action du papier sablé sur le bois. Ces marques sont généralement linéaires et allongées dans le sens du mouvement du glacier. Elles s'observent aussi bien sur la surface de la roche en place que sur la surface de blocs et de cailloux d'origine glaciaire qui ont été par la suite déplacés, souvent sur de grandes distances. Sachant cela, on peut penser que le glacier est responsable de ce qu'on attribue au Diable, mais rien n'est moins sûr. Ces rayures bizarres pourraient tout aussi bien résulter d'inclusions minérales dans la roche qui fut soumise à une érosion différentielle...

Quelle science viendra au secours des géomorphologues pour expliquer l'empreinte du pied du Diable ? Alors là...

Comment s'y rendre

Vous pouvez aller rêver devant la roche griffée même si une partie des marques laissées par Satan sont aujourd'hui disparues ; une partie en a été découpée parce qu'elle nuisait au tracé de la route. Pour voir ce qui en reste, partez de l'autoroute Jean-Lesage (sortie 337) et suivez vers le sud la route 279 ; dépassez de quelques kilomètres Saint-Gervais puis engagez-vous vers l'est dans le 4e Rang de Saint-Lazare ; après exactement 4 km, vous trouverez, à droite de la route, la petite pierre à la signature diabolique.

Et autour

Le dernier village traversé avant d'arriver à la Griffe du Diable est Saint-Gervais. Dans le joli parc attenant à l'église, des panneaux d'interprétation relatent l'histoire de ce sympathique village et illustrent son patrimoine religieux et industriel, dont ses trois moulins.

Airs de famille

CHEZ NOUS : Le Québec aime autant les saints personnages que le Diable. Alors, pourquoi ne pas aller vous recueillir devant les empreintes du pied de saint Roch, dans le secteur nord-ouest de l'île d'Orléans, face aux battures de Beauport ? On vous dira que les traces sur le *Caillou-du-Pied-de-Saint-Roch* sont bel et bien celles de saint Roch et de son chien.

AILLEURS : Dans le sud de l'Italie, sur les pentes du volcan Raccomonfina, le Diable a aussi laissé ses traces. Bien sûr, des scientifiques ont prétendu qu'il s'agissait de pas d'êtres humains. Mais qui d'autre que le Diable peut se promener sur des pierres brûlantes ?

6
Havre-Aubert
La Vernière

L'église du Diable

Comment donc le Diable a-t-il pu construire une église ? Évidemment, dit comme ça, on pourrait croire que le Diable s'est converti. On sait bien que cela est impossible. Pourtant, on prétend que c'est grâce au Diable que la blanche église de Havre-Aubert a vu le jour. Du moins, c'est ce que dit la légende.

On dit que l'église de Saint-François-Xavier-du-Bassin a inspiré la légende de *L'église du Diable*...

Le Diable a de très grands pouvoirs, et on le craint. Mais le bon Dieu en a de plus grands encore. N'est-il pas à l'origine de la création de toute chose ? Cela dit, on se demande pourquoi il a aussi créé le Diable ; mais c'est une autre histoire, à vrai dire un mystère. Il se peut que Dieu, dans son immense sagesse, ait voulu avoir, comme dans nos parlements, une opposition qui, de temps en temps, se ferait justement avocat du diable. C'est d'ailleurs probablement ce qui s'est passé, un jour, aux îles de la Madeleine.

Quand il fallut construire l'église de la paroisse, les Madelinots durent pallier la rareté du bois sur l'île et en faire venir du continent. Bonheur ou malheur, le continent était loin. Une mer les séparait, une mer parfois furieuse. Un jour où une goélette avait été chargée de précieux bois et faisait cap sur l'archipel, la mer se fâcha pour une raison inconnue et mit à l'épreuve les bateliers. En proie à une rage peu commune, elle leur opposa des vagues plus hautes que les mâts de leur frêle embarcation. Mais les fiers Madelinots, aussi confiants qu'intrépides, n'acceptèrent pas cette inutile épreuve, comme tout bon marin l'aurait fait.

Bon croyant, le capitaine soupçonna le Diable d'être là-dessous. Il lui fit le doigt d'honneur qui s'imposait, en maudissant sa méchanceté. Quelle erreur ! Plutôt que de provoquer Satan, il aurait mieux valu qu'il se confie à Dieu ; sans doute aurait-il pu sauver son équipage. Il arriva ce qui devait arriver. Le Diable redoubla d'ardeur et gonfla la mer jusqu'à la faire éclater. Vagues et rafales rivalisèrent de violence, tant et si bien que le bateau sombra. Son chargement, puisqu'il était flottable, flotta et vint accoster sur les grèves des îles, à Havre-Aubert, tout près de l'endroit où l'on devait justement construire l'église.

Naturellement, on y vit l'œuvre de Dieu, en compensation de la méchanceté de Satan. Paroissiens et curé construisirent l'église, bien persuadés que le Très-Haut avait fourni le matériel. Sans doute avaient-ils raison, mais admettons-le, l'église vit le jour par l'intermédiaire du Malin. Certains disent même que l'architecte, craignant autant les foudres de Satan que celles du Très-Haut, décida de ne pas prolonger les deux tours carrées de l'église par des flèches pour éviter que les complices du démon, s'ils s'avisaient de survoler les îles en chasse-galerie, les accrochassent au passage. On sait bien que Satan est incorrigible.

… mais d'après les historiens, c'est dans l'église de Saint-Pierre-de-La Vernière que s'est retrouvé le bois du bateau naufragé.

Quand la mer est *en diable*

On sait que les îles de la Madeleine constituent une terre de salut ou de malheur pour les naufragés du golfe. Pas moins de 400 navires ont sombré autour de l'archipel, victimes des fréquentes sautes d'humeur de la mer. Tous les pêcheurs n'ont pu être sauvés, bien au contraire, donnant ainsi matière à récits et à légendes. C'est le cas de *L'église du Diable*, qui évoque un fait réel concernant toutefois l'église de Saint-Pierre-de-La Vernière, non pas celle de Saint-François-Xavier-du-Bassin à Havre-Aubert, comme le laissent entendre certains récits; cette confusion pourrait venir du fait que les deux églises datent des mêmes années: 1875-1876.

À l'automne de 1872, un deux-mâts chargé de bois s'échoue à la Dune du Nord. Sa cargaison est récupérée par les habitants qui, l'hiver suivant, la rechargent sur un autre voilier, l'*Aberdeen*, qui, lui aussi, fait naufrage à peu près au même endroit. Et le bois de revenir sur la grève. Puisqu'on ne peut pas dire avec certitude que ce fut là l'œuvre de Dieu ou du Diable, tenons pour acquis que la grande responsable fut Dame Nature. C'est encore elle qui est responsable du fait que les Îles sont dépourvues d'arbres. Nécessité fait loi: privés d'arbres, les Madelinots s'adonnent depuis longtemps à la collecte du bois flotté. Le malheur des uns fait le bonheur des autres. Et c'est ainsi, dit-on, que, par une sage décision, des autorités ecclésiastiques, qui appréhendaient l'éventualité d'un troisième naufrage, décidèrent de récupérer la malheureuse cargaison deux fois perdue pour la construction de l'église de La Vernière, la plus ancienne église des Îles et la deuxième plus grande église en bois d'Amérique du Nord.

L'église du Diable

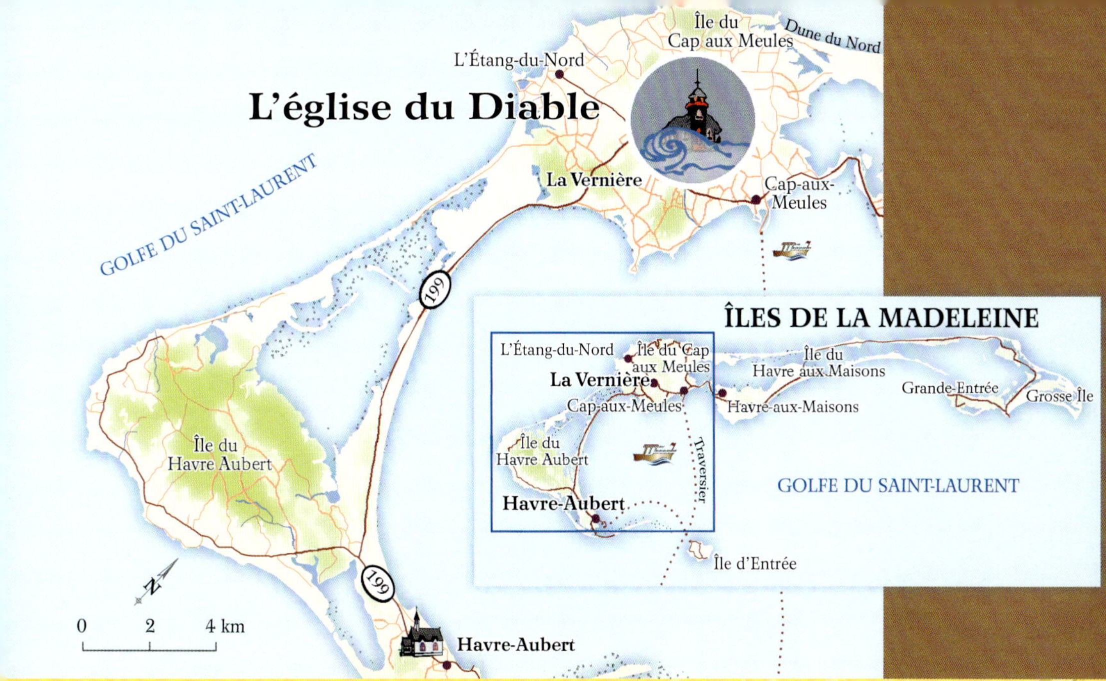

Comment s'y rendre

Pour la version historique : que vous arriviez par bateau à Cap-aux-Meules ou par avion à Havre-aux-Maisons, vous êtes à quelques kilomètres de La Vernière. Son église se voit de loin.

Pour la version légendaire, la jetée de l'île aux Œufs vous mènera à l'église Saint-François-Xavier-du-Bassin, à 25 km plus au sud.

Et autour

Havre-Aubert fait partie officiellement des plus beaux villages du Québec. Il est agréable d'y flâner et de cheminer jusqu'au site historique de La Grave ; vous y trouverez un aquarium et, tout près, au cap Gridley, le Musée de la Mer.

Le port de Cap-aux-Meules est le point de départ d'excursions et de sentiers qui vous permettront de découvrir la beauté naturelle des Îles.

Airs de famille

CHEZ NOUS : Le Diable aurait contribué encore plus directement à la construction de l'ancienne église des Éboulements. Un majestueux cheval blanc aurait transporté en un temps record les matériaux pour la construction de l'église. Puis il a disparu sans laisser de traces. On dit que c'était Satan lui-même. Cela porta malheur : l'église brûla peu après.

AILLEURS : On appelle l'église Saint-Merri, à Paris, *L'église du Diable.* Ce surnom est dû à la présence, sur le portail du temple, d'une sculpture représentant un diable muni des atouts sexuels des deux sexes. Étonnant et irrévérencieux pour une église catholique, mais on sait que le gothique et l'ésotérisme font souvent bon ménage.

L’éternelle absence

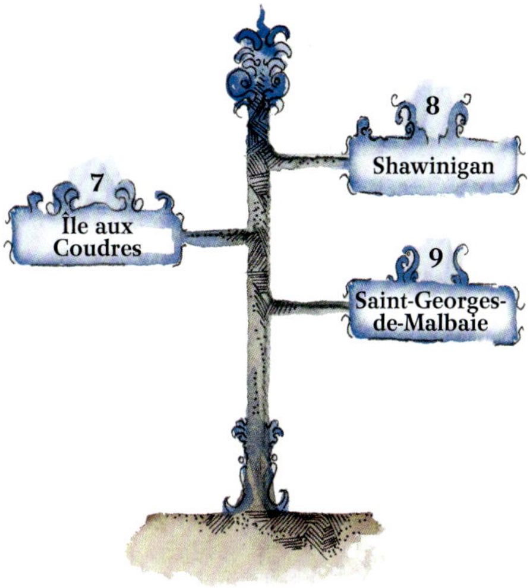

Aimer, c'est parfois exclure tout remplacement. Lorsque l'être aimé est en instance de retour, rien ni personne ne peut le remplacer. L'attente peut longtemps se nourrir d'espoir, mais lorsqu'elle n'obtient aucune réponse et que le silence s'éternise, quel est le sens de la vie ? Aussi bien rejoindre l'être aimé dans l'inconnu de l'au-delà.

Trois lieux de légende conservent dans la pierre la mémoire de longues attentes auxquelles la vie n'a pas répondu : **La Roche pleureuse, Le rocher de Grand-Mère, La Tête d'Indien**.

7

La Roche pleureuse

8

Le rocher de Grand-Mère

9

La Tête d'Indien

7

Île aux Coudres

La Belle de l'Île. C'est ainsi qu'on appelait Louise, la fille du bon cultivateur du bout de l'île aux Coudres, et elle méritait son surnom: Louise était belle comme le jour. Timide aussi, comme le sont toutes les jeunes filles qui ignorent qu'elles sont belles. Son visage s'empourprait pour un oui, pour un non. On aurait dit le soleil colorant l'horizon tout juste avant d'émerger des eaux du fleuve. Qui sait? La Belle avait sans doute pris la couleur du ciel qu'elle interrogeait chaque matin depuis le départ en mer de son amoureux.

La Roche pleureuse

Une roche qui pleure, un mystère ? La légende et la géographie ont chacune leur explication.

Fidèle amante, elle fixait en vain l'horizon depuis ce jour. Auparavant, le valeureux revenait habituellement entre chien et loup avec de bonnes prises. Louise connaissait ses qualités et l'avait encouragé à prendre le large, comprenant que la haute mer l'attirait et lui donnait l'occasion de rapporter autant de poissons que son cœur avait d'amour pour elle. C'est le souffle court qu'elle l'avait néanmoins laissé partir, habitée par un mauvais pressentiment.

Ce matin-là, par une mer tranquille, Louise se mit à attendre. Elle attendit d'abord des jours, des nuits, puis des semaines et des mois. L'hiver arriva. Tout devint blanc comme en un rêve triste où elle n'arriva plus, bientôt, à distinguer le désir du souvenir. Avec le printemps, son espoir reprit vie. Devant la mer, elle se remit à attendre. Chaque mât émergeant de la ligne d'horizon attisait son espoir. Mais chaque fois, c'était le bateau d'un autre, jamais celui qu'elle attendait. Et de nouveau l'hiver arriva. Et tout, de nouveau, redevint blanc. Louise perdit espoir.

Sur le point de quitter son corps réduit à la survivance, l'âme de Louise se rappela l'histoire du rocher de Grand-Mère : cette petite Indienne qui avait tant attendu son amoureux qu'elle en était morte, pétrifiée. « Que ce soit mon sort, s'il ne devait jamais revenir ! », brava-t-elle.

Malheur à la fidèle, car hélas, les dieux agissent parfois trop vite. La prenant au mot, ils pétrifièrent la désespérée plutôt que de lui ramener son bien-aimé, en prenant soin de lui offrir des larmes éternelles, car le pêcheur n'est jamais revenu. La Belle-Roche pleure et pleure encore. Allez écouter le murmure de ses larmes qui ne tarissent jamais. Allez consoler la Roche pleureuse.

Ici loge la jeune amante qu'il faut aller consoler.

Mais depuis quand les roches pleurent-elles ?

« Résurgences » : vous connaissez ? La roche calcaire est une bien bizarre de roche : au contact de l'eau, elle fond. Oui, elle fond au contact de l'eau, mais bien lentement. De ce fait, après des milliers, souvent des millions d'années, les roches calcaires se prêtent à l'élaboration de phénomènes qui, à première vue, peuvent paraître étranges : un de ceux-là est celui des rivières souterraines. Il arrive souvent, dans les régions karstiques (mot savant pour désigner les régions où la roche sous-jacente est calcaire), que des ruisseaux, de simples filets d'eau et même parfois de fortes rivières disparaissent, comme si la terre avait soif et les avalait goulûment.

Mais il faut bien que cette eau revienne à la surface. Et voilà l'explication des sources qui semblent sortir de nulle part et n'être qu'un pur cadeau de la terre nourricière. Lorsque ces courants d'eau sortis de la pierre ont le calibre de vraies rivières, on parle de *résurgences*. C'est le cas de la rivière Ferré, un affluent de la rivière Montmorency qui disparaît sous terre en abandonnant son ancien lit, devenu les *Roches plates*, pour réapparaître dans une vallée aveugle qu'on appelle un *bout du monde*, après un parcours souterrain d'environ deux kilomètres.

Le phénomène de la Roche pleureuse est plus modeste. L'eau qui s'est infiltrée sur les plus hautes terres s'est faufilée entre les couches de roches sédimentaires et a trouvé sa sortie au pied d'une terrasse. C'est simple, trop simple ; il importait d'y greffer une légende, tout en empruntant le vocabulaire de la science. En effet, le *Dictionnaire Littré* dit : « Roche pleureuse : roche qui laisse filtrer l'eau. »

Chaque goutte d'eau qui perle de la roche est un instant de l'éternel souvenir d'un amant qui ne reviendra sans doute jamais.

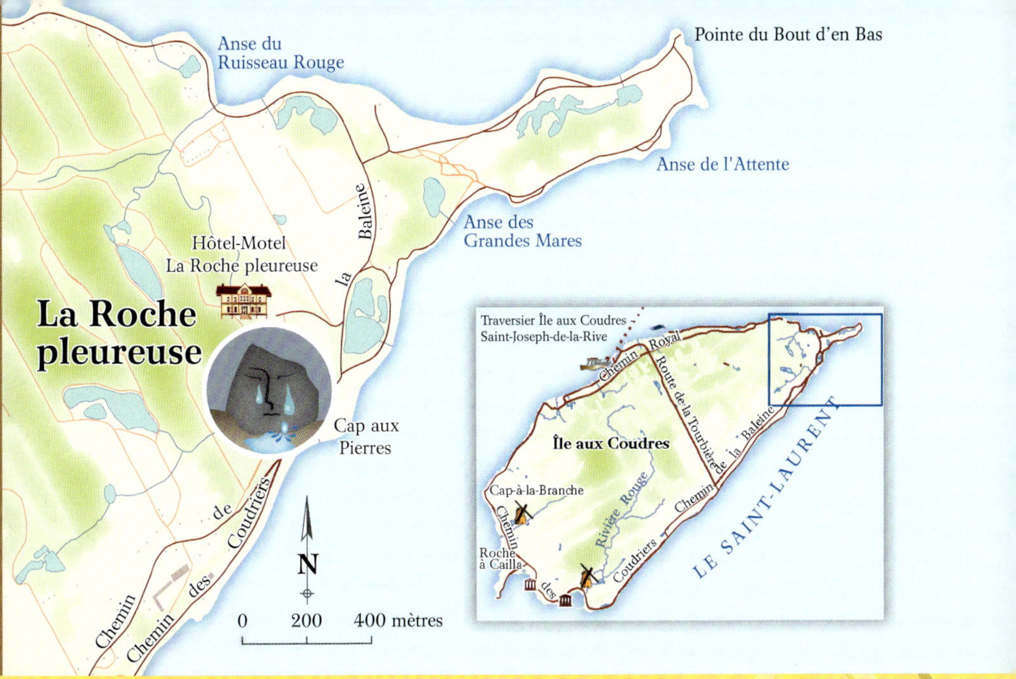

Comment s'y rendre

On va à l'île aux Coudres pour en faire le tour, c'est un rite. C'est aussi un rite que de s'arrêter à la Roche pleureuse et d'imaginer la belle Louise laissant lentement couler ses larmes comme des gouttes de rosée sur le rocher qu'elle est devenue. Pour y arriver, vous prenez le chemin de ceinture, dans un sens ou dans l'autre : c'est à peu près la même distance. La source est au pied de l'hôtel du même nom.

Et autour

La Roche pleureuse est sur une île : c'est tout dire. Il faut y flâner, en faire le tour, voir ses moulins, musarder d'une boutique d'artisanat à l'autre, arpenter le sentier des Chouanneux, visiter le musée des Voitures d'eau… et rêver à côté de la Roche pleureuse.

Airs de famille

CHEZ NOUS : La Belle de l'Île le savait : à attendre trop longtemps l'objet de son amour, on peut se pétrifier. Elle connaissait l'histoire de la grand-mère de Shawinigan et celle de l'Indien de Saint-Georges-de-Malbaie.

AILLEURS : Les roches ne pleurent pas toutes pour les mêmes raisons. Le Pays basque français a aussi sa *Roche pleureuse*. Au fond d'une grotte, appelée *Harpeko Sainua*, qui signifie « la sainte qui sue », une stalagmite perd doucement un peu de l'eau qu'elle a emmagasinée depuis des millénaires. On dit que c'est le corps d'une bergère assassinée qui, elle aussi, attend un retour sur terre… en pleurant.

8

Shawinigan

C'est connu, chez les Indiens, ce qui compte le plus pour juger de la valeur d'une personne, c'est sa capacité de pêcher, de tendre des pièges et de chasser avec succès. C'est pourquoi quiconque revenait bredouille d'une partie de chasse n'était pas très apprécié dans sa communauté. Il pouvait même être mis au ban de la tribu. Il arrive qu'une question se pose : si le chasseur ne revient pas et qu'on ignore le résultat de sa chasse, que faire ? Il est difficile de répondre à cette angoissante question. La triste histoire qui suit apporte une explication.

Le rocher de Grand-Mère

Et dire que ce bloc fut jeune Indienne, puis grand-mère avant de devenir rocher !

Quelque part, dans le beau pays du haut Saint-Maurice, un chef indien de la nation Attikamek, conscient qu'il ne pouvait donner sa fille en mariage qu'au plus valeureux des chasseurs de son clan, se décida en faveur d'un certain Yanuchich. Celui-ci, se basant sur ses succès antérieurs, avait promis qu'il rapporterait les plus belles prises. Le père se laissa convaincre, mais imposa au jeune prétendant une condition : il devait rapporter un minimum de cent peaux de bêtes pour avoir la main de sa fille. Confiant de pouvoir relever ce défi, car il était en effet un bon chasseur, Yanuchich entreprit de descendre la rivière vers le Saint-Laurent. Il savait que les orignaux y étaient nombreux, les chevreuils moins, les caribous pas du tout ; il savait que les loutres, les martres et les lynx étaient plus difficiles à piéger que les castors. Il savait tout cela, mais il était confiant.

La fille du chef, belle comme la lune, ne respira plus que pour voir revenir son héros avec ses trophées de chasse. Elle s'était postée au dernier saut de la rivière, en aval, près d'un endroit nommé Shawinigan. Assise sur un rocher, elle attendit son amoureux. Elle l'imaginait qui revenait, debout dans son canot rempli de peaux de tous les animaux de la Mauricie : orignaux, castors, lynx et combien

Retirée de son poste d'observation au bord du Saint-Maurice, la grand-mère n'a plus aucune chance de voir revenir son amant.

d'autres encore… Chaque matin, elle réintégrait son poste d'observation et regardait fixement la rivière vers le nord, espérant y voir apparaître son fier chasseur. Et chaque soir lui apportait la déception du retard et la tristesse de l'absence. Elle attendit longtemps, très longtemps.

Puis un jour, un éclair déchira le ciel. La jeune fille y vit un message du Grand Manitou lui signifiant que son amoureux était mort en devoir. Sans doute désireux de mettre fin à l'angoisse d'une attente et d'un espoir jamais satisfaits, le Manitou lui envoya un second éclair, qui frappa la pierre où elle était assise et la pétrifia sur-le-champ. Depuis lors, le roc et l'Indienne ne font qu'un. Ni l'âme de l'héroïne ni celle du rocher ne sait ce qu'il advint de Yanuchich : peut-être n'avait-il pas relevé le défi de son chef ? Peut-être qu'au contraire Windigo, ce Grand Manitou maléfique, jaloux du succès de l'habile chasseur, l'avait noyé dans les eaux de la rivière ? Allez savoir !

Aujourd'hui, le souvenir de cette triste histoire se retrouve à la fois dans le nom de la localité de *Grand-Mère* et dans le rocher qui représente, non pas la belle jeune Indienne, mais plutôt ce que le temps avait fait d'elle : une vénérable vieille dame. Si vous allez la voir, prêtez l'oreille : les nuits d'été, quand se sont éteintes les rumeurs de la ville et celles de la chute où la fille du chef a si longtemps attendu, on peut entendre ses sanglots. Elle pleure encore l'absence de son amant. L'hiver, elle est de glace et de silence.

Un verrou devenu monument

Le Saint-Maurice coule dans l'une de ces pittoresques vallées qui rejoignent le Saint-Laurent. Elles ont été surcreusées par le glacier, non sans effort, car les roches du précambrien sont aussi résistantes qu'elles sont vieilles. Sur son chemin vers le sud, le glacier a rencontré des roches plus dures encore qu'il a dû contourner faute d'avoir pu les araser. Il faut dire que la langue glaciaire du Saint-Maurice n'avait sans doute pas la puissance de celle qui a creusé le fjord du Saguenay. Mais ce fut, là aussi, le théâtre d'une véritable joute géologique. Les géomorphologues appellent ces rochers irréductibles des *verrous*. Ce qu'il en reste, ces pitons rocheux installés dans le cours des vallées glaciaires, a pris toutes sortes de formes qui attisent l'imagination. Le rocher de Grand-Mère, dont les contours évoquent le profil d'une vieille femme, est de ceux-là.

Lors de la construction du barrage et de la centrale hydroélectrique, en 1917, il a fallu procéder à des travaux de dynamitage dans le secteur du rocher. Heureusement, pour perpétuer la légende, les ingénieurs ont accepté de découper le rocher en pièces détachées qu'on a numérotées puis transportées dans un parc de Grand-Mère. Ce sauvetage a-t-il inspiré l'UNESCO, qui a pratiqué la même opération pour sauver des eaux le temple d'Abou Simbel en Égypte, lors de la construction du barrage d'Assouan ?

Comment s'y rendre

À 50 km au nord de Trois-Rivières, la sortie 223 de l'autoroute 55 vous amène sur la 6e Avenue de Shawinigan, dans le secteur de Grand-Mère. En la suivant jusqu'à environ un 0,5 km avant le pont qui enjambe le Saint-Maurice, en face d'une petite église, vous verrez un îlot de verdure où la grand-mère attend toujours son amoureux.

Et autour

Un incontournable: la Cité de l'énergie, son centre d'interprétation et sa tour d'observation.

L'église Notre-Dame-de-la-Présentation, à Shawinigan-Sud, contient des fresques d'Ozias Leduc illustrant les métiers pratiqués dans la région.

Airs de famille

CHEZ NOUS: À l'île aux Coudres, non seulement la belle attend-elle toujours; elle pleure encore. Quant à la femme pétrifiée de Blanc-Sablon, elle l'a été non de peine, mais de frayeur à la vue d'un monstre.

AILLEURS: Près de Hong Kong, la roche d'Amah est la pétrification d'une épouse fidèle qui, après des siècles, regarde fixement la mer en espérant encore le retour de son mari. On dit que la déesse de la mer a amené son âme auprès de son mari, au fond des mers.

9

Saint-Georges-de-Malbaie

L'histoire est un perpétuel recommencement. De tout temps, des hommes ont abandonné leur bien-aimée pour aller découvrir, chasser, combattre ou simplement bourlinguer dans des terres lointaines. Et de tout temps (certains diraient : jusqu'à il n'y a pas si longtemps), les belles abandonnées ont attendu, avec une fidélité héroïque et parfois leur vie durant, que leur amant revienne *plein d'usage et de raison*. Et s'il ne revenait pas, ce qui était malheureusement souvent le cas, le temps faisait son œuvre et les pauvres belles

La Tête d'Indien

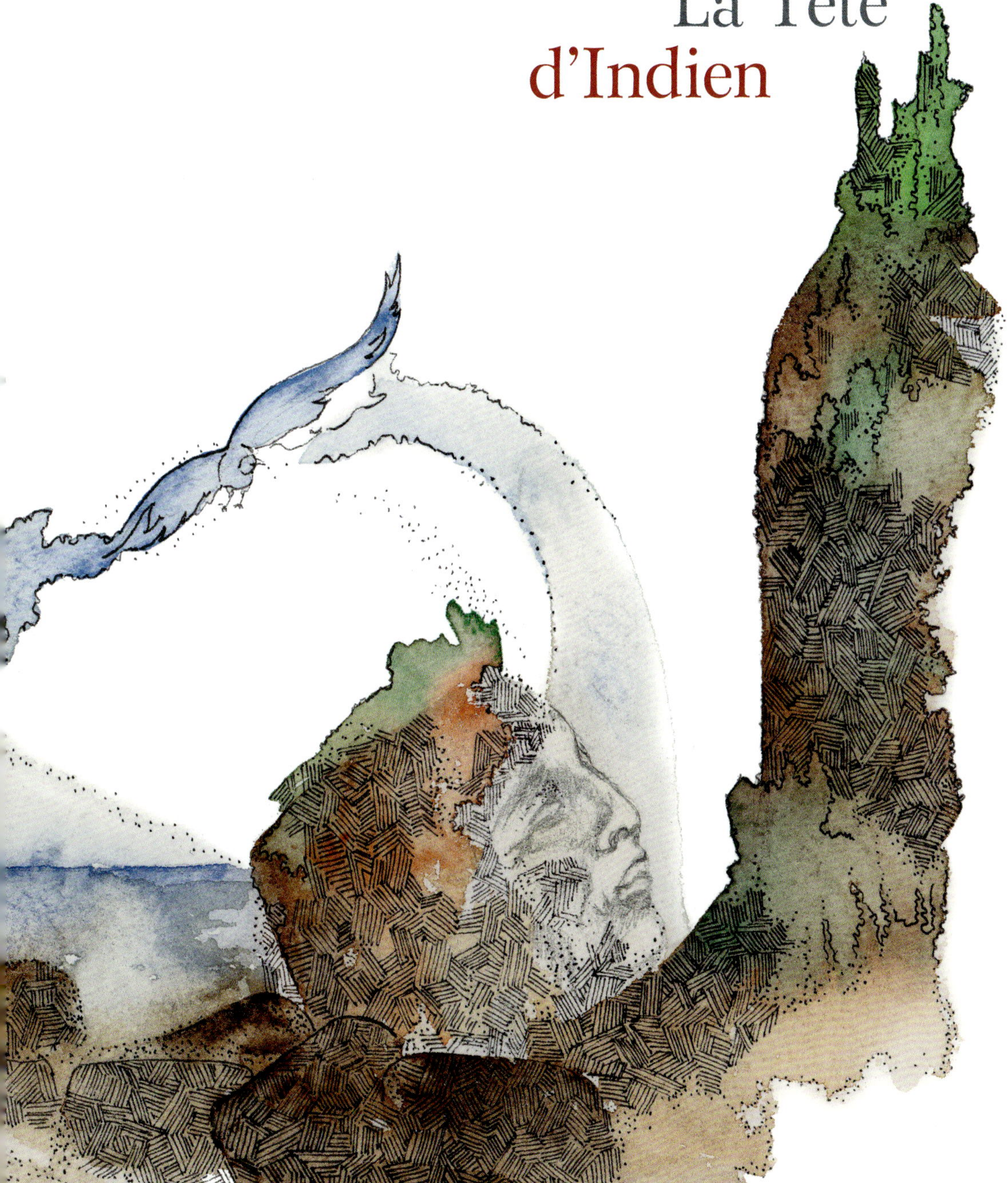

L'Indien de Saint-Georges-de-Malbaie tourne le dos à la mer, trop vide pour annoncer un retour.

se métamorphosaient en rocher, pour immortaliser leur attente et leur peine. La terre est ponctuée de ces tristes rochers.

Les femmes ont l'imagination fertile, c'est connu, mais toutes n'ont pas l'ingéniosité de Pénélope qui, pour tromper l'interminable attente de son Ulysse, tissait le jour et défaisait la nuit son éternelle toile. Plusieurs se sont contentées de pleurer jusqu'à ce que se tarisse la source de leurs larmes ; on en retrouve même certaines figées dans la pierre. L'histoire du Québec est ponctuée de tels drames, et la géographie les a inscrits dans ses paysages : le rocher de Grand-Mère et la Roche pleureuse en sont deux témoins éloquents.

Mais pourquoi donc les femmes attendent-elles toujours les hommes ? Serait-ce que les femmes sont plus fidèles que les hommes ? Les légendes le confirment. Mais, là aussi, il y a une exception qui confirme la règle. C'est la légende de *La Tête d'Indien* de Saint-Georges-de-Malbaie. Elle est toute simple, mais quelle belle leçon pour les hommes impatients et infidèles !

Une jeune Indienne, belle comme pas possible, s'était promise à un valeureux Micmac, aussi grand et fort qu'un chasseur peut l'être. Leur bonheur fut de courte durée, car, peu après, elle disparut. Non pas qu'elle fût attirée par quelque Innu de l'autre côté du golfe ou par quelque Mohawk des pays d'en haut, mais il arriva qu'un quelconque marin venu des vieux pays, plus pirate qu'explorateur, voulant rapporter chez lui un trophée vivant, se saisit de la belle et l'emporta corps et âme.

Le bon Indien n'en savait rien ; il ne pouvait que constater l'absence de sa bien-aimée comme une triste et inéluctable réalité. La sachant aussi fidèle que lui, il attendit, attendit, attendit si longtemps que, lui aussi, comme tant d'amoureuses abandonnées, se métamorphosa en rocher. On le voit, en bord de mer, le visage étrangement tourné vers la falaise. On peut se demander pourquoi son regard n'interroge pas plutôt l'horizon d'où la belle aurait pu apparaître. Le jeu des vagues invente tant de mirages que notre fidèle Indien savait sans doute que la mer, comme le désert, est marchande d'espoirs déçus. Imaginons aussi qu'il était animé de l'éternel espoir qu'un jour sa bien-aimée s'approche et lui caresse la tête en lui disant : « Je suis revenue ; les Blancs ont compris que je n'étais pas de leur race. »

Allez le voir. Allez le consoler. Allez écouter le chant des vagues qui lui apportent, jour et nuit, un message que lui seul, sans doute, sait décoder. Peut-être lui ont-elles dit qu'un jour elle reviendrait.

Il conserve toujours sa nostalgique jeunesse : aucun cheveu blanc, mais la larme à l'œil.

En examinant le rocher

Il est évident que c'est pur hasard si un pan rocheux évoque par sa forme un profil humain. Cela dit, la constitution des masses rocheuses a quelque chose à voir avec les formes humaines qu'elles peuvent suggérer. Les roches sédimentaires se sont formées par accumulations successives de détritus de diverses origines, appelés sédiments, formant, avec le temps, des couches horizontales qui donnent à ce type de terrain l'allure de mille-feuilles rocheux. Sous l'action de divers agents d'érosion, ces couches pierreuses se fragmentent en blocs anguleux aux arêtes vives, laissant leur empreinte au flanc des falaises dont ils se sont détachés, comme c'est bien le cas du profil que l'on peut observer à Saint-Georges-de-Malbaie. La même explication vaut pour le rocher de Cap-Chat qui fait aussi partie des Appalaches, une chaîne de montagnes formée de roches sédimentaires.

Comparez ce rocher avec la légende de *La Noyée de Charlevoix*: ses formes douces s'expliquent aussi, mais différemment, soit par la nature des roches qui la composent. En surface, le Bouclier canadien, composé de roches ignées (produites par la chaleur interne de la terre), se caractérise, sous l'action de divers agents d'érosion, par des formes arrondies. Le polissage de ses roches très dures par le glacier continental y est pour quelque chose.

La Tête d'Indien

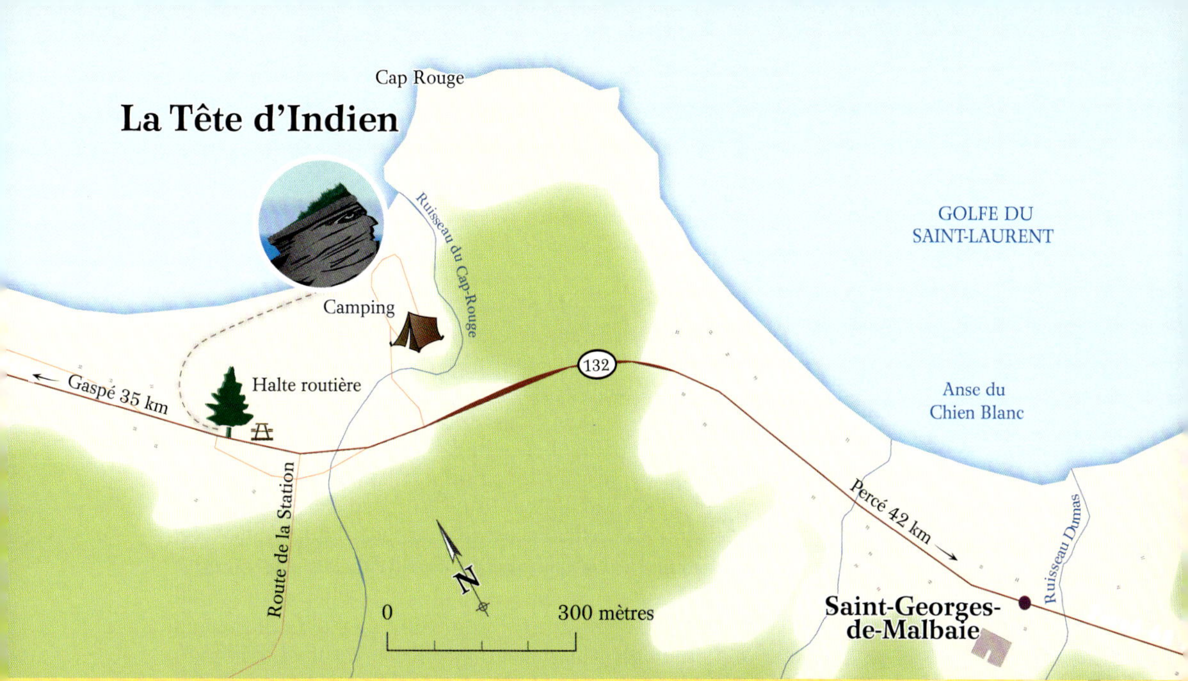

Comment s'y rendre

Sur la route 132, une halte routière est située à 3,5 km au sud de l'église et du bureau de poste de Saint-Georges-de-Malbaie. De là, un sentier de 200 m de longueur vous mènera à un belvédère d'où vous verrez bien le profil de l'Indien.

Et autour

Si vous arrivez du nord, vous aurez longé le parc national Forillon et traversé la ville de Gaspé dont il faut visiter le musée récemment réaménagé. Si vous arrivez du sud, vous aurez vu le célèbre Rocher Percé, gravi le pic de l'Aurore et contourné le barachois de Malbaie, le plus grand de la Gaspésie.

Airs de famille

CHEZ NOUS : À Sillery, tout près de Québec, dans un quartier nommé *Parc Falaise*, un rocher surplombe le fleuve. Son profil est très voisin de celui du rocher de Saint-Georges-de-Malbaie. Mais la légende est encore muette à son sujet.

AILLEURS : Le mont Rushmore, dans le Dakota du Sud, affiche, gravées dans le roc, quatre têtes de personnages, hautes de 18 m. On connaît leur identité : il s'agit des présidents américains George Washington, Thomas Jefferson, Theodore Roosevelt et Abraham Lincoln. Ce n'est pas un hasard : l'auteur en est, non pas Dame Nature, mais le sculpteur Gutzon Borglum.

La présence des disparus

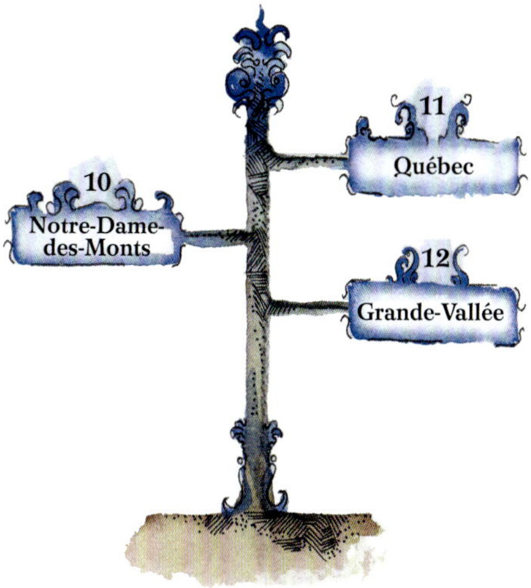

Se peut-il qu'après avoir quitté cette terre, les corps des disparus se fondent discrètement dans la pierre, les arbres, les eaux, les nuages ? Serait-ce pour rappeler leur triste sort à qui sait voir au-delà du réel ? Marins, soldats et autres seraient-ils alors prisonniers de leur nouvel habitacle ? L'immobilité est-elle synonyme d'éternité ?

Il arrive que les légendes répondent à ces questions. Allez entendre **La Noyée de Charlevoix, La Dame blanche et son voile, Le Gisant de Grande-Vallée.** Inutile toutefois de les interroger : leur immobilité est synonyme de silence.

10

La Noyée de Charlevoix

11

La Dame blanche et son voile

12

Le Gisant de Grande-Vallée

10
Notre-Dame-des-Monts

La Noyée de Charlevoix

C'était avant que les Européens arrivent de ce côté-ci de l'Atlantique. C'était même avant que des tribus asiatiques traversent le détroit de Béring pour venir de ce côté-ci du Pacifique. Car il y a toujours eu quelqu'un ici… du moins depuis qu'Adam et Ève furent chassés du Paradis terrestre. La légende que voici est très ancienne. Je vous préviens, elle est aussi très triste.

Il y a donc très, très, très longtemps, un jeune homme aimait une fort jolie fille. Ce n'était pas la première ni la dernière fois. C'est

La montagne n'accouchera ni d'un bel enfant ni d'une souris. Mieux encore : ce sera mystère et légende.

ainsi que l'humanité a commencé et c'est ainsi qu'elle s'est perpétuée. Les amants avaient des parents qui, eux aussi, s'étaient aimés et savaient que l'amour, c'est exigeant. Les parents conseillèrent aux jeunes amoureux, prudence oblige, d'attendre quelques saisons, ou du moins quelques lunes, avant de consommer leur amour. Peut-être les parents nourrissaient-ils d'autres projets : le jeune homme était Indien, la jeune fille était Blanche. Était-ce la véritable raison de leur hésitation ? Quoi qu'il en soit, alléguant que le *coup de foudre* était un mauvais présage, les parents de la jeune fille opposèrent finalement un refus catégorique à leur union.

Quand ils firent l'annonce de leur décision au jeune couple, un nouveau coup de tonnerre retentit et un éclair fulgurant déchira le firmament. Le jeune Indien, qui connaissait bien le langage du ciel, établit immédiatement un lien entre ces manifestations et son *coup de foudre.* Il y vit un encouragement à donner suite à son projet. Les amoureux partirent se cacher derrière la montagne qui protégeait leur hutte contre les vents froids du nord, et les jeunes amants firent ce qu'il faut pour s'assurer d'une descendance à qui ils pourraient donner des conseils autres que ceux qu'ils avaient reçus.

Quelques mois plus tard, la nouvelle se répandit que la jeune beauté commençait à prendre la forme d'une mère en puissance. On consulta l'aîné du clan, réputé pour sa sagesse, mais aussi pour sa sévérité. Son avis fut impitoyable. Sans doute, la tendresse que se manifestaient les deux jeunes amants était belle et pure, mais leur désobéissance avait à jamais avili leur acte d'amour et il fallait qu'ils paient pour leur faute. Afin d'éviter le scandale, ils furent condamnés à aller se réfugier pour l'éternité au fond de la mer dans le but d'y expier leur péché.

Ce qui fut décidé arriva. Des années, des siècles, des millénaires passèrent, assez de temps pour que la surface de la terre subisse de profonds bouleversements. Des montagnes se gonflèrent, d'autres disparurent noyées dans les profondeurs de l'océan. Entre-temps, des mers s'asséchèrent, révélant ce qu'elles cachaient depuis la nuit des temps. Les jeunes amants, après avoir expié leur faute au fond des mers, se retrouvèrent donc enfin sous le même ciel, non loin l'un de l'autre, pétrifiés par une demi-éternité d'attente, sans possibilité de se rejoindre.

Les gens de Charlevoix savent bien que leur région a vécu ces épisodes ; ils en ont la preuve devant les yeux. Regardez bien la montagne derrière Notre-Dame-des-Monts ; voyez ce grand corps étendu dans le lit des Laurentides, admirez ce visage serein et ce ventre encore gonflé de la promesse d'un enfant de la terre, figé pour l'éternité. C'est *La Noyée de Charlevoix*, revenue chez elle. Voyez aussi, non loin de là vers l'ouest, le visage du jeune Indien, partageant le même sort. On dit même qu'il arrive que la Noyée esquisse un clin d'œil à son bel Indien.

Et cette autre montagne, que cache-t-elle ?

Des roches dures au relief doux

Le Bouclier canadien est constitué de roches très anciennes et très résistantes. L'extrême dureté des roches précambriennes leur a permis de résister au travail d'érosion du glacier continental qui a recouvert tout le Québec il y a quelque 15 000 ans. Le glacier a quand même fait son œuvre en surcreusant quelques vallées en forme d'auges, comme celles de la Jacques-Cartier et de la rivière Malbaie.

Outre ces formes spectaculaires que sont les vallées glaciaires et les fjords, le glacier a toutefois surtout raboté les sommets ; ce sont des formes arrondies qui composent l'essentiel des paysages au nord du Saint-Laurent. Certains géomorphologues, que la science n'a pas privés de sens poétique, qualifient ces formes de « féminines ». Comme quoi, des roches très dures peuvent constituer des paysages relativement doux.

La *Noyée*, montagne située à quelque 20 km au nord-ouest de Clermont, répond tout à fait, comme celles qui l'entourent, au modèle que constituent le massif des Laurentides et une grande partie du Bouclier canadien. Cette vaste région se caractérise par une surface rocheuse surélevée, construite de gros blocs montagneux dont les sommets sont sensiblement de même altitude ; rares sont les sommets qui surplombent de beaucoup les montagnes environnantes. Les géographes appellent *pénéplaine* ce type de paysage.

La Noyée de Charlevoix

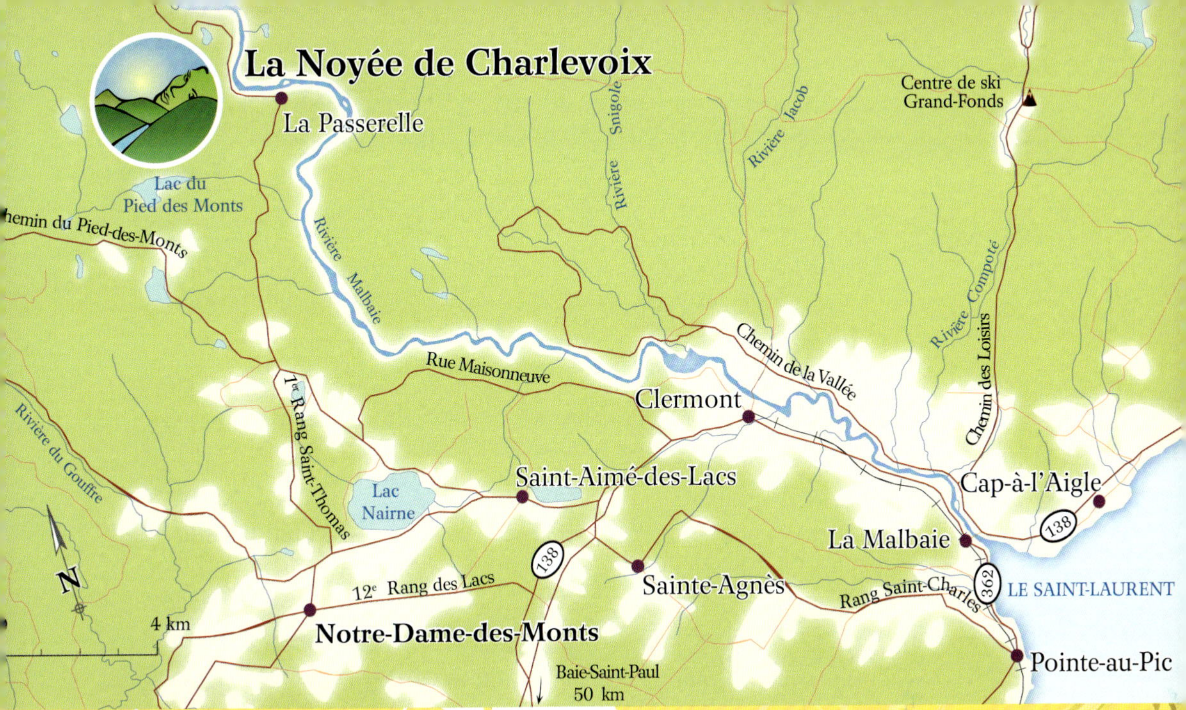

Comment s'y rendre

Il n'est pas nécessaire d'atteindre la montagne de la Noyée pour en apprécier l'effet évocateur. Il suffit de se rendre à Notre-Dame-des-Monts, à quelque 50 km de Baie-Saint-Paul par la route 138. Depuis le parvis de l'église paroissiale, on a une bonne vue de la Noyée.

Et autour

Les gorges de la rivière Malbaie, un peu plus au nord, constituent l'un des plus spectaculaires exemples de vallées glaciaires au Québec. En vous y rendant, vous passerez près de la Noyée.

Airs de famille

CHEZ NOUS : Le Gisant de Grande-Vallée serait-il aussi un de ces nombreux noyés qui peuplent le Saint-Laurent ? Contrairement à *La Noyée de Charlevoix*, celui-ci demeure à fleur d'eau ; il disparaît même à marée haute.

AILLEURS : Deux majestueux volcans dominent la ville de Mexico (quand le smog ne les cache pas, ce qui est malheureusement devenu la règle) : le Popocatépetl et l'Ixtaccihuatl. Ce dernier a aussi la forme d'une *femme couchée*, ce que signifie précisément ce beau nom aztèque.

11
Québec

La Dame blanche et son voile

La dame en blanc que l'on voit errer au pied des chutes Montmorency, les soirs sans lune, est bien l'âme de Mathilde Robin qui, au printemps de 1759, s'est jetée dans l'écume de la haute cataracte. Ça, tout le monde le sait. Et personne n'ignore qu'elle avait, deux siècles avant la Mariouche du pays de Vigneault, lucidement décidé, du haut de la chute, de «sauter dans son destin». C'est la découverte du corps de son amant, tué par les Anglais, qui l'a amenée à cette extrême décision. Ça aussi on le sait. Mais on ne sait pas tout de ce triste événement dont certains échos font encore mystère.

Par exemple, certains disent que la belle Mathilde aurait pris les bouillons blancs de la chute pour la crinière d'un cheval blanc, messager des dieux, chargé de la transporter dans le royaume céleste des soldats morts au champ d'honneur pour y retrouver son Louis bien-aimé. On dit aussi que ce sont les larmes de la belle qu'irise parfois un arc-en-ciel entre les eaux de la chute et les nuages où elle chevauche encore.

La chute de la Dame blanche: le voile d'une ex-future mariée…

D'autres sont convaincus que c'est au fond de la profonde crevasse sous la chute que Mathilde a trouvé domicile et la paix de l'âme. Et ils pensent qu'une de ces déesses des eaux au cœur tendre, malheureuse de n'avoir pu la sauver, la protège du froid, chaque hiver, en la recouvrant d'une épaisse couverture de neige. On dit même que ce «pain de sucre» lui fournit la nourriture nécessaire pour subsister jusqu'au printemps suivant.

Quant au Voile de la Mariée, cet autre filet d'eau qui en a toute l'apparence et qui dévale la falaise aux côtés de la chute maîtresse, il a aussi son histoire. Sachant que l'île d'Orléans est peuplée de sorciers, nous en avons consulté un dans l'espoir d'en apprendre un peu plus sur les phénomènes tourbillonnants du cap qui lui fait face. Voici ce qu'il nous a raconté.

Mathilde Robin et son amoureux Louis Tessier connaissaient bien ces lieux. Rêvant de leur prochain mariage, ils allaient souvent admirer la chute, le promontoire, la faille profonde et, devant, le fleuve et l'île: un paysage grandiose pour la bataille décisive qui s'annonçait entre les armées de France et d'Angleterre. Mais il arrive que la rencontre entre beauté et destin se fasse au prix de vies pourtant promises à de meilleurs sorts. Et c'est devant ce panorama qui n'avait pas su tenir ses promesses que Mathilde a mûri

L'âme de la Dame blanche flotte-t-elle dans les brumes de la chute ?

son triste projet. Est-ce que le cap d'où elle contemplait la vie et la mort, bien qu'il fût inerte depuis des millénaires, allait être touché par cette brûlure d'amour ? En effet, le promontoire rocheux, à l'écorce dure et au cœur tendre, sursauta et se tint prêt à recueillir la belle, vêtue de sa robe blanche et de sa mantille diaphane, car elle avait décidé de mourir en fiancée. L'effort fut vain : les pointes acérées de la pierre ne retinrent que le voile blanc recouvrant ses longs cheveux dorés. Le vent alla le déposer un peu plus loin, sur la falaise, en guise de triste ex-voto. Quant au corps gracile de la belle, il continua sa dégringolade vers… un endroit inconnu.

On dit que la belle est allée rejoindre son amoureux dans le royaume des soldats morts au combat et que là, les deux amants convolèrent en justes noces.

L'eau, le plus futé des éléments

Les deux chutes qui ont inspiré cette très belle légende connue de tous les Québécois sont intimement liées à la géographie des lieux.

Des quatre éléments qui composent notre monde, la terre, le feu, l'air et l'eau, ce dernier est le plus actif à la surface de la Terre. À mi-chemin entre la subtilité de l'air et la matérialité de la terre, l'eau manifeste, en effet, de mille façons, son habileté à sculpter le relief. Autour de la chute Montmorency, nombreux sont les phénomènes qui illustrent cette constante géographique.

Les eaux de la rivière Montmorency ont creusé, par leur force érosive, dans d'épaisses couches de schiste pour mettre à nu la ligne de faille qui délimite la masse rocheuse du Bouclier canadien. D'où la chute. L'eau sait aussi profiter des occasions qui s'offrent à elle pour manifester son astuce à s'insinuer partout où elle le peut. Ici, la géologie des lieux a été sa complice. En effet, autour de la chute, on est en milieu karstique, c'est-à-dire en terrain calcaire. Le Bouclier canadien est frangé, à sa limite sud, d'une bande de roches calcaires solubles à l'eau. Cette particularité a donné lieu à des formes de relief originales : grottes, couloirs souterrains, dolines, pertes, résurgences.

Belle occasion pour la rivière Montmorency qui, en maints endroits, quitte son lit pour s'infiltrer entre les couches sédimentaires où elle coule. Des eaux en ressortent un peu plus loin, après un parcours souterrain qui peut être relativement long. Il faut dire que les hommes ont aidé la nature. La construction, sur la rivière, du barrage des Marches-Naturelles, s'est trouvé à relever le niveau de l'eau, permettant à celle-ci de s'insinuer entre les couches sédimentaires supérieures et de trouver son chemin jusqu'à l'air libre, un peu plus bas. On appelle cette réapparition d'un cours d'eau une *résurgence*. Plusieurs de ces résurgences, car elles sont nombreuses, se réunissent pour former un ruisseau, qui, après quelques centaines de mètres, se jette au bas de la falaise et forme une chute étroite : la chute de la Dame blanche.

La Dame blanche et son voile

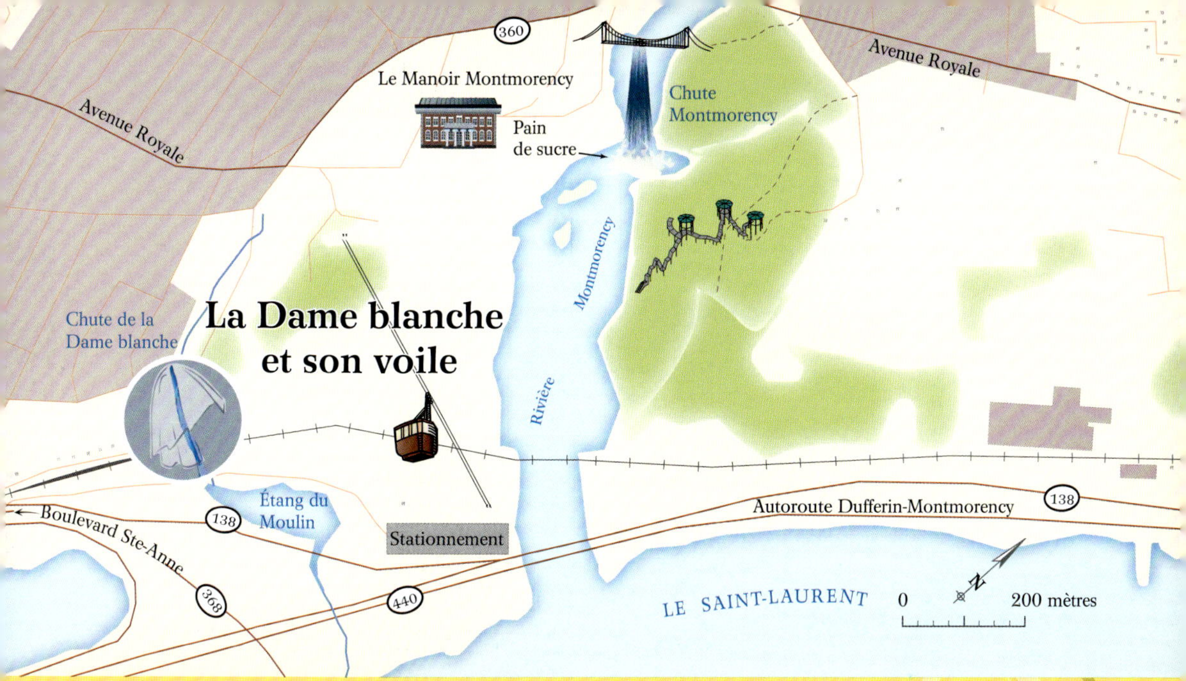

Comment s'y rendre

Ce serait insulter le lecteur que de lui expliquer comment se rendre près de la plus belle chute du Québec. Nombreux sont les lieux pour en admirer la beauté, d'en haut comme d'en bas. Quant à la chute de la Dame blanche, qu'on appelle aussi le Voile de la Mariée, elle se trouve à quelques centaines de mètres à l'ouest de la chute Montmorency. En suivant les indications pour vous rendre au pied du téléphérique, un panneau vous la signalera. Pour voir une des résurgences, traversez le taillis qui s'étend au sud de la guérite donnant accès au Manoir Montmorency.

Et autour

Plusieurs points d'intérêt entourent la chute Montmorency. Pour des réminiscences historiques : la redoute de Wolfe, la chapelle protestante St. Mary, le Manoir Montmorency, l'ancien Kent House. Pour se familiariser avec la géomorphologie karstique : le lit fossilisé de la rivière Ferry, des résurgences, des marmites et l'importante grotte de Boischatel.

Airs de famille

CHEZ NOUS : À en croire les blogueurs, les apparitions de dames blanches sont assez fréquentes au Québec. Par exemple, un promeneur nocturne a confié au forum des Sceptiques du Québec qu'il en a rencontré une en 1984 dans le parc Angrignon, à Montréal. Vous êtes libre de le croire.

AILLEURS : Presque tous les pays du monde ont leurs dames blanches. En France, elles errent souvent autour des châteaux. En Angleterre, elles réapparaissent aux abords des chemins, près du lieu d'une mort tragique. Parfois, elles surgissent des eaux, ou encore s'évaporent sur le bord de la route laissant croire aux automobilistes qu'il s'y trouvait bien une auto-stoppeuse…

12

Grande-Vallée

Le Gisant
de Grande-Vallée

À vrai dire, la légende du Gisant n'existe pas encore. Il y a pourtant en Gaspésie, devant le village de Grande-Vallée, à quelques dizaines de mètres du littoral, un lieu qui en réunit tous les éléments. Deux fois par jour, quand la mer se retire, le profil d'un visage serein, impassible, surgit lentement des eaux. Il regarde le ciel, imperturbable. Il prend les couleurs du temps, luisant ou sombre selon l'heure du jour et l'état des nuages. Il est permis de penser qu'il communique avec un au-delà.

Quel est ce visage, ridé par le temps, lavé par la mer ?

Comme c'est le cas de toutes les créatures de pierre, cette roche à visage humain garde jalousement son secret. Quel est ce personnage, accroché au rivage gaspésien ? D'où vient-il ? Pourquoi a-t-il choisi de s'y ancrer à perpétuité ? Vous avez beau lui demander, il ne le dira pas ; la seule réponse viendra du chant des vagues qui l'entourent, le protègent, l'enveloppent et, périodiquement, le cachent.

À partir d'indices qu'ils ont astucieusement mis en relation, les gens de là-bas, eux, ont des explications, plusieurs explications. Ils savent que l'enquête qui a suivi le naufrage de l'*Empress-of-Ireland* en face de Pointe-au-Père, en 1914, a révélé que la tragédie avait été causée par une faute de navigation. Certains se demandent si le Gisant ne serait pas le capitaine Kendall, condamné par Neptune, le dieu de la mer, à réapparaître dès que la mer baisse pour avertir les marins que naviguer trop près de la côte constitue un terrible danger.

D'autres pensent que la déesse Terre ne voulait pas que les corps des innombrables marins qui ont péri dans l'estuaire et le golfe du Saint-Laurent errent sans but au fond de l'eau, au gré des courants et des marées. Elle aurait donc décidé de les réunir en un seul lieu de sépulture, en prenant soin de sculpter dans ce cimetière marin, un monument à la mémoire des courageux hommes de mer, en même temps qu'un rappel des dangers du métier à ceux qui les ignorent.

On a même entendu un poète à l'imagination fertile prétendre que le Gisant serait le corps de saint Laurent, ce prêtre martyr qu'on fit griller sur un feu lent pour prolonger sa douleur. Il aurait enduré ce supplice avec un tel courage et une telle abnégation que, pour l'en récompenser, le bon Dieu aurait installé son corps pétrifié pour l'éternité dans l'eau rafraîchissante du fleuve portant son nom, lui permettant, deux fois par jour, de revoir le ciel où son âme chante les louanges du Très-Haut.

Voilà quelques éléments pour élaborer une légende autour de cette pierre étrange qu'est *Le Gisant de Grande-Vallée*. À vous de la composer.

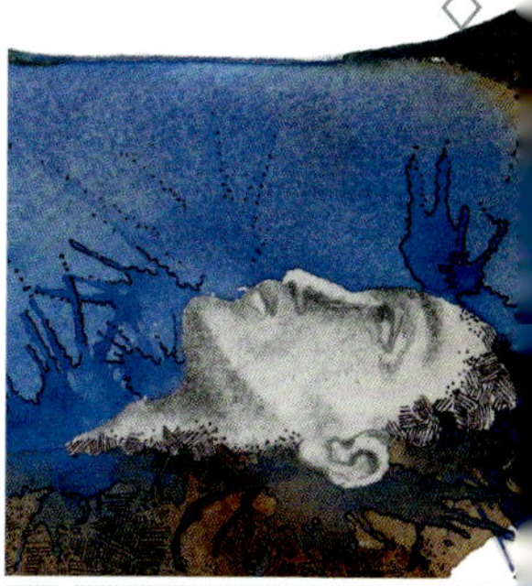

Regardez bien le Gisant dans son éternelle immobilité, car, dans six heures, la marée l'aura fait disparaître.

La mer, une polisseuse naturelle

Le respect normal que l'on voue aux scientifiques pourrait nous amener à penser qu'ils peuvent, ou qu'ils pourront un jour, trouver des explications à tous les phénomènes que les paysages nous offrent. Pourtant, de grands esprits scientifiques, comme Einstein, l'ont bien dit: le hasard crée souvent des phénomènes qu'on aurait tort de vouloir absolument expliquer par des causes scientifiques. En effet, même si elle obéit en général à des lois très strictes, la nature est également fantaisiste à ses heures.

Les noms géographiques en témoignent éloquemment: le Québec possède dans son trésor toponymique des noms comme *lac en Cœur, lac Culotte, lac en Huit, lac Spectacle* («lunettes» en français), évidemment inspirés par la forme des étendues lacustres qu'ils désignent. Mais, lorsque c'est la roche qui prend des formes humaines, comment ne pas se rappeler la terrible punition de la femme de Loth qui, parce qu'elle avait désobéi et osé se retourner pour voir sa ville en feu, fut changée en statue de sel?

Bien des légendes naissent à partir de formes de relief qui s'expliquent par la géomorphogénèse et le hasard. Ainsi, l'action continue de la mer finit par éroder et polir les affleurements rocheux du littoral, tout comme elle arrondit les galets que roule constamment le balancement des marées. Le caractère linéaire des couches sédimentaires permet en outre au processus d'érosion marine de sculpter des formes allongées, comme celle du Gisant.

Le Gisant de Grand-Vallée

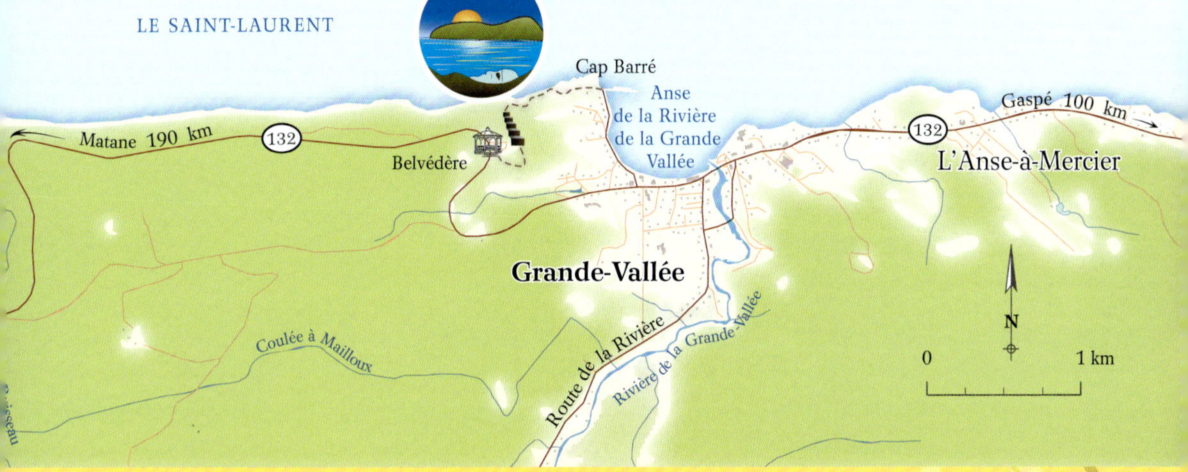

Comment s'y rendre

Attendez que la marée soit au plus bas. À partir du quai de Grande-Vallée, vous pouvez suivre la grève rocheuse vers l'ouest sur quelques centaines de mètres. Attention aux roches glissantes. Vous pouvez aussi partir du belvédère situé à 1,5 km à l'ouest du village sur la route 132. Vers la droite du stationnement, un sentier mène à un escalier de 223 marches qui vous conduira vers le Gisant ; vous le trouverez à quelques dizaines de mètres vers l'est.

Et autour

Le village voisin, Petite-Vallée, accueille chaque été, dans un joli décor littoral, le Festival en chansons qui permet de découvrir de nouveaux talents de la chanson francophone. Cet événement de réputation mondiale offre aussi des ateliers de perfectionnement pour artistes.

Airs de famille

CHEZ NOUS : Le Saint-Laurent est un cimetière de bateaux, on ne le sait que trop. Jusque près du pont de Québec, des navires gisent au fond de l'eau. On raconte que, durant les quelques mois qui suivirent l'une de ces tragédies, une pointe noire apparaissait deux fois par jour pour signaler le lieu du drame. Certains prétendent qu'il s'agissait du mât d'un de ces malheureux bateaux. Il se peut aussi que ce fût la proue d'un bateau grec, le Michalis, qui a sombré près du pont en 1941.

AILLEURS : Dans la baie de Goulven, en Bretagne, plusieurs rochers apparaissent aux marées baissantes ; elles permettent d'évaluer l'état de la mer et de ses courants. L'une d'elles, la pierre du Chat (*Men ar C'hazh* en breton) rappelle notre légende du cap Chat : un Félix vorace, là aussi, a été puni pour son péché de gourmandise et a été pétrifié.

Animaux légendaires

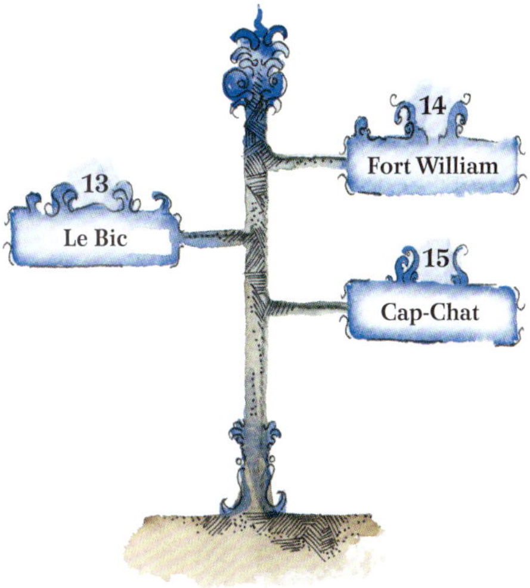

Combien d'hommes ressemblent à des animaux ! Combien d'animaux se comportent en humains ! Il n'est pas étonnant que les qualités et travers des uns et des autres se soient entremêlés dans des légendes.

Le cap à l'Orignal, Le rocher à l'Oiseau et **Le cap Chat** illustrent bien que, par leur comportement et leur sort, les animaux sont parfois semblables aux hommes.

Le cap à l'Orignal

Le rocher à l'Oiseau

Le cap Chat

13

Le Bic

Cela se passait aux premiers temps de la colonie. Dans la région du Bic, les orignaux étaient, à l'époque, beaucoup plus nombreux qu'aujourd'hui, à tel point, dit-on, que l'espace leur manquait pour répondre à leurs besoins. Et un de leurs besoins était d'avoir toute la place nécessaire à leurs ébats. Entendons par là qu'il ne fallait pas que se retrouvent, dans un espace donné, trop de mâles, de *bucks* comme disent les chasseurs. Mais voilà que, surpopulation aidant, cette situation se présenta et engendra, chez ces fiers cervidés, une agitation peu commune dont on devine la raison : cherchez la femme ! Des batailles féroces s'engagèrent entre les prétendants qui se poursuivirent jusqu'au sommet des pics du Bic. Ils y firent de nombreux ravages.

Un dimanche d'automne, deux orignaux, aussi vigoureux l'un que l'autre, croisèrent le fer et emboîtèrent leurs panaches. Ils entreprirent une bataille à

Le cap à l'Orignal

finir pour désigner celui qui gagnerait les faveurs de la belle qui attendait fébrilement de célébrer avec le vainqueur. Ce qui devait arriver arriva. Profitant d'un instant d'inattention de son rival, qui peut-être songeait au fruit de la victoire, le vainqueur en puissance, dans un élan de fureur, fonça sur son antagoniste, qui ne put lui résister. Reculant pas à pas sur la pression de son rival, il s'approcha si près du rebord de la falaise qu'il perdit pied et, dans un hurlement de plus en plus faible, disparut dans l'abîme.

À ce stade-ci, la légende du cap à l'Orignal arrive à un embranchement. Selon une des versions, estimant qu'un bel orignal ne pouvait mourir sur une grève, hors de son milieu naturel, on attribue le drame à une intervention humaine, accusant quelque chasseur anonyme d'avoir abattu sa victime alors qu'elle admirait, du haut de son belvédère, un de ces couchers de soleil qui embrasent le Saint-Laurent. Coincé entre le fusil et le vide, le fier cervidé aurait choisi celui-ci.

L'autre branche suit un cours ascendant, pointant vers le ciel. Voici comment. On sait que le Grand Manitou gère le monde animal avec sagesse et justice. Il conçoit bien que la loi du plus fort est

Est-ce le pied des Appalaches ou le sabot de l'orignal ?

En tombant d'une si haute falaise, même un robuste orignal ne pouvait survivre, à moins qu'il ne se soit envolé ailleurs.

toujours la meilleure, mais il ne néglige pas pour autant les plus faibles. Lorsque nécessaire, il vient à leur rescousse. C'est ce qui a pu arriver au cap à l'Orignal.

Lorsque notre héros déchu fut précipité dans le vide, le Grand Manitou, plein de compassion, se souvint soudain des *Contes des mille et une nuits* et s'en inspira pour lui sauver la vie. Éclairé par un croissant de lune lui tenant lieu de lampe magique, il déploya, sous notre quadrupède temporairement devenu oiseau, un nuage tenant lieu de tapis d'Aladin. Avec le vent du sud, le nuage transporta notre rescapé de l'air jusque dans les confins nordiques, tout près du pôle Nord, là où réside, onze mois par année, celui qu'on appelle le père Noël et qui est, comme on sait, le messager du Grand Manitou. Heureux de voir arriver une bête de trait plus forte et plus résistante encore que les rennes qui, jusque-là, lui avaient servi de traction animale, il confia à notre visiteur du Sud la noble tâche de tirer sa carriole jusque dans la vallée du Saint-Laurent pour procéder à sa distribution annuelle de cadeaux.

Le soir de Noël, ceux qui ont une bonne vue peuvent apercevoir, haut dans le ciel, ce bel attelage s'apprêtant à atterrir près des maisons pour la distribution des cadeaux aux enfants sages.

Ce qui est rare est fréquent

À vrai dire, on ne connaît pas la raison exacte pour laquelle le cap à l'Orignal porte ce nom. Il se peut qu'un jour on y ait trouvé un orignal errant, non loin de son habitat habituel. Peut-être n'a-t-on trouvé que ses restes. Quoi qu'il en soit, à première vue, une telle découverte n'a rien de particulièrement spectaculaire, mais elle pose une question intéressante.

En toponymie, il existe un phénomène peu connu qui s'appelle le *principe de la négativité relative*, une expression savante qui veut dire que, plus une chose est rare, plus elle est susceptible de se retrouver dans des noms de lieux. Ainsi, c'est au Sahara qu'on retrouve le plus grand nombre de noms géographiques comportant le mot *oued*, qui signifie « eau ». Étrange ? Pas tellement. Il est naturel que, pour se souvenir d'un lieu, on l'associe à quelque chose d'exceptionnel, de sorte que ce qui est rare a plus de chances de se retrouver dans la toponymie que ce qui est fréquent, car alors la référence perd son utilité. Chaque point d'eau, chaque puits, au Sahara, est désigné par un nom géographique du genre « *Oued* quelque chose ». Il ne serait pas utile de désigner un tel lieu « le champ de sable ».

Or aujourd'hui, du moins, l'orignal n'est pas un animal rare dans la région du Bic. Se peut-il qu'il l'ait déjà été ? Et si oui, comment se serait-il retrouvé là ? Comment savoir ? Mais s'il était rare d'y voir des orignaux, c'était assez pour qu'on inscrive dans la toponymie le fait qu'un jour on en a vu un. Le nom de « cap à l'Orignal » est peut-être plus mystérieux qu'on ne le pense.

Comment s'y rendre

Le parc national du Bic est situé à une vingtaine de kilomètres à l'ouest de Rimouski. Pour atteindre le cap à l'Orignal, il faut entrer dans le parc par l'accès ouest, indiqué «Secteur du Cap-à-l'Orignal». À 4 km de l'entrée, un stationnement et un camping servent de point de départ d'un sentier et d'une piste cyclable qui conduisent au cap à l'Orignal.

Et autour

Le parc national du Bic offre une large gamme d'activités. Il mérite un séjour de quelques jours. Il faut en profiter pour visiter Rimouski, tout près. Trois musées vous y attendent: le Musée régional de Rimouski, la maison Lamontagne (construite en 1744, qui retrace l'histoire de la maison québécoise) et le Musée de la Congrégation des Sœurs de Notre-Dame du Saint-Rosaire.

Airs de famille

CHEZ NOUS: Un Abénaquis au cœur tendre avait un jour soigné un orignal blessé. L'animal, reconnaissant, se lia d'amitié avec son sauveur et lui servit de monture. Il eut même l'occasion de le transporter au-dessus d'une chute, quelque part dans la Beauce; sans lui, le brave Amérindien aurait péri. C'est la légende de *L'orignal volant*.

AILLEURS: Près de Great Falls, au Montana, on trouve le *Ulm Pishkun Buffalo Jump*, considéré comme le plus important précipice à bisons du monde. C'est la preuve que l'histoire des moutons de Panurge n'existait pas seulement dans l'imagination de Rabelais.

14
Fort William

Le rocher à l'Oiseau

Lors de leurs migrations saisonnières, les peuples de la forêt se déplaçaient au gré des saisons avec armes, bagages et famille, et cela, sur de grandes distances. Il faut bien aller chercher le gibier aussi loin qu'il se trouve ! Au cours de ces longues randonnées, il arrivait que les familles s'agrandissent. Les nouveau-nés du voyage n'étaient pas rares et les parents les élevaient de la même manière que dans leurs campements fixes. Ils laissaient à leurs enfants, dès qu'ils pouvaient se mouvoir seuls, toute la liberté dont ils avaient besoin pour prendre d'eux-mêmes la mesure du territoire, de ses secrets et de ses dangers.

En tombant d'une si haute falaise, un frêle enfant n'aurait pu survivre sans le concours d'un aigle providentiel, venu le cueillir dans sa chute.

Un groupe d'Algonquins, revenant d'une longue tournée dans les forêts du Témiscamingue, avaient décidé de faire halte pour quelques jours avant de regagner leur camp de base. Naturellement, ils choisirent un site qui offrait les avantages que tous les Amérindiens recherchent en sélectionnant leurs lieux de séjour : un belvédère naturel, au sommet d'une haute falaise, d'où il était possible d'observer le mouvement des animaux et, le cas échéant, celui des tribus hostiles. Dès la première journée de cette halte bien méritée, le dernier arrivé dans la tribu, âgé d'à peine un an, avait pris connaissance de son territoire immédiat. Comme ses parents, il aimait déjà porter son regard au loin, surtout quand des vols de canards faisaient devant le campement leur parade aérienne. Plus haut et plus loin, le vol quasi immobile d'un aigle devait sans doute le fasciner tout autant. Il découvrait le monde, son monde.

Chez les Indiens, les enfants ne sont pas plus craintifs que leurs parents. Le petit ne voulait rien manquer du merveilleux paysage qui s'étendait en contrebas de son poste d'observation. Trompant la vigilance de ses parents et, avec l'inconscience naturelle de son âge, il s'approcha, en rampant, si près du bord de la falaise qu'il perdit l'équilibre et plongea dans le vide. Personne, dans le clan, n'avait vu la scène, et ce n'est que plus tard qu'on partit à sa recherche. En vain. On ne retrouva l'enfant ni au haut ni au bas de la falaise. Ce n'est que longtemps après que l'on connut son sort. Un vieux sage de la tribu, lors d'une rencontre avec les Esprits, eut la révélation du sort de l'enfant.

L'aigle qui, quelques instants plus tôt, décrivait lentement de grands cercles dans le ciel, avait-il réalisé le danger que courait l'enfant si près du bord de la falaise ? Avait-il eu la prémonition qu'il tomberait ? Toujours est-il qu'il amorça une descente en spirale qui l'amena face à l'abrupt au moment même où l'enfant perdait pied et tombait dans le vide. À la vitesse de l'éclair, avec une infinie précaution et toute la douceur dont il était capable, il saisit l'enfant avec ses griffes jointes en forme de berceau et s'envola vers une destination demeurée inconnue jusqu'à aujourd'hui.

Malgré toutes les précautions qu'il avait prises pour éviter tout dommage à la frêle peau de l'enfant, ses griffes acérées avaient légèrement égratigné son petit corps. Après avoir installé le bébé dans son nid, l'aigle retourna devant la falaise. Il alla en gratter la paroi et, de ses griffes légèrement rougies par le sang de l'enfant, y inscrivit, dans sa langue faite d'images et non de mots, le souvenir de son exploit.

Si vous passez par là, vous pourrez peut-être décoder le message des peintures rupestres d'ocre rouge qui colorent le pied de la falaise : avec beaucoup d'imagination, il faut le dire, vous pourriez y voir une forme ailée qui se détache d'un groupe de figures animales. C'est, dit-on, la signature de l'aigle, inscrite à jamais sur la paroi rocheuse qui s'appelle depuis toujours *Le rocher à l'Oiseau*, avant même qu'on sache pourquoi.

Ces formes et ces couleurs : un message de l'aigle destiné aux chamans ?

Entre archéologie et légende: des peintures rupestres

Bien qu'il soit toujours inaccessible par la route, le rocher à l'Oiseau était bien connu au XIXe siècle, car la liaison par bateau entre Pembroke et Rapides-des-Joachims passait devant. Le chevalier de Troyes, dans sa Relation de 1686, avait appelé cette section de la rivière des Outaouais «la rivière Creuse». L'expression est juste car, devant le rocher à l'Oiseau, qui domine la rivière du haut de ses 150 m, on a noté une profondeur de plus de 80 m. Sur les parois rocheuses, des dessins émergent vaguement du jeu des teintes de la pierre qui vont du gris au rouge en passant par diverses tonalités d'ocre, de jaune et de brun. Il se peut que les formes qui se dégagent de ce vaste tableau représentent ce que des chamans ont vu en entrant dans le monde des esprits: des profils d'hommes et d'animaux, des canots et surtout un oiseau qui pourrait être celui de la légende.

En effet, l'histoire d'un enfant récupéré par un aigle n'est pas rare dans la mythologie amérindienne. Qu'il soit relié, là précisément, à un fait réel n'a rien d'impossible, les Autochtones choisissant souvent, pour leurs installations temporaires ou permanentes, des lieux d'où ils peuvent surveiller les environs. Le haut du rocher à l'Oiseau répond tout à fait à ce critère.

En s'approchant de la paroi rocheuse, on pourra, avec un peu d'imagination, distinguer l'un ou l'autre des éléments que les archéologues ont décelés. Il faudra faire abstraction des graffitis que des individus insouciants y ont inscrits et qui entachent le site. Ne devrait-on pas légiférer contre les actes de lèse-patrimoine?

Le rocher à l'Oiseau

Comment s'y rendre

En partant de Gatineau, vous suivez vers l'amont la rivière des Outaouais sur quelque 160 km pour atteindre Sheenboro, presque au bout de la route. De Fort William, situé tout près au bord de la rivière, il faut se rendre par voie d'eau jusqu'au rocher à l'Oiseau, à quelques kilomètres en amont. Informez-vous; une bonne âme de l'endroit vous y emmènera peut-être dans son bateau à moteur.

Et autour

Pour vous rendre au rocher à l'Oiseau, vous passerez nécessairement par Fort-Coulonge, tout près de ses chutes spectaculaires, et devant Chapeau, une modeste église dont l'intérieur est somptueusement meublé (on voulait en faire le siège d'un évêché).

Airs de famille

CHEZ NOUS : Le père Laure, en bon explorateur, avait noté vers 1730 que des peintures rupestres ornaient des parois rocheuses près de Saint-Paul-du-Nord, sur la haute Côte-Nord. On pouvait y voir, là aussi, un oiseau. Une interprétation de la légende de *L'oiseau-tonnerre* ?

AILLEURS : Au fond d'une calanque de l'île de Pâques, on aperçoit, sur les parois d'une grotte, des peintures rupestres représentant la légende de *L'homme-oiseau*, cet être mystérieux qui se rendait au sommet des volcans pour y cueillir les œufs des oiseaux migrateurs.

15

Cap-Chat

Le cap Chat

La nuit était claire. Ou peut-être était-ce en plein jour. Cela n'a pas d'importance, car les chats chassent à toute heure du jour ou de la nuit. Toujours est-il qu'un chat, noir évidemment, avait quitté le village faute de souris. Il faut dire que les chats y étaient nombreux et avaient éliminé presque complètement la vermine qui hantait les habitants du lieu. Notre Félix, futé comme tous les chats, se dit que, loin des champs, près de la mer, il pourrait peut-être trouver de quoi se mettre sous la dent. La mer est généreuse ; ça, il le savait à voir la quantité de poissons que les pêcheurs ramenaient du large. Il se rendit donc au bord de mer. Mais, comme disait l'autre, *l'océan était vide et la plage déserte.* Bien entendu, les poissons étaient déjà à bord des bateaux ou encore au fond de l'eau. Il fallut bien regarder ailleurs.

Les chats craignent l'eau, c'est connu. Et pourtant il en est un qui… Voir la légende.

Furtivement, doucement, silencieusement comme seuls les chats savent le faire, il arpenta la grève et finit par arriver devant une fente dans la falaise, ce genre de repaire à souris que seuls les chats savent reconnaître. Il se dit: «Voilà ma chance.» Les chats ont toujours raison. Avec une patience bien féline, il attendit une heure, deux heures, peut-être trois. Finalement, un petit animal, était-ce une souris, un écureuil ou un tamia – l'histoire ne le dit pas –, osa sortir de sa cache pour humer l'air du large, mais il n'eut pas le temps de montrer plus que le bout du nez. Le chat l'avait déjà happé et, en quelques secondes, presque digéré. Pendant des heures, cette triste histoire se répéta, car, dans leur tanière, ils étaient aussi nombreux que notre Félix était patient. On ne saura jamais combien de malheureux petits êtres ont fini dans l'estomac de notre carnassier, mais il y a fort à parier que toute la famille y passa.

L'histoire aurait pu se terminer là. Mais voilà: les chats, c'est là peut-être le secret de leur sournoise puissance, ont une fée protectrice qui gère leur comportement, mais qui peut aussi, le cas échéant, leur *donner, quand il lui plaît, de grandes et terribles leçons.* La fée protectrice n'avait pas apprécié ce comportement cruel, susceptible de conforter la croyance populaire que les chats sont hypocrites. Toujours est-il que la fée, raison ou pas, décida de punir le héros de notre histoire et de le transformer en rocher jusqu'à la fin des temps. Ainsi, jamais au grand jamais il ne pourrait quitter sa prison de pierre et s'attaquer de nouveau à de pauvres petits animaux sans défense.

Allez voir le cap Chat. Vous ne pourrez manquer le gros bloc de pierre à l'aspect félin. Selon l'angle d'où vous le regarderez, vous l'apercevrez bien assis, prêt à bondir ou faisant la belle. N'ayez crainte, il est inoffensif, même si certains prétendent l'entendre miauler quand la mer est déchaînée. Aurait-il peur que la mer l'engloutisse ? Et si la fée protectrice lui réservait ce sort comme deuxième punition ?

Pétrifié, le chat du Cap est maintenant bien inoffensif. Il a dû oublier ses frasques passées et sans doute le passage du lieutenant général Aymar de Chastes…

Et s'il ne s'agissait pas d'un chat ?

La légende du cap Chat ne date pas d'hier. Elle remonte peut-être aux premiers temps de la colonie. Sur une carte du père Ducreux datant de 1660, on peut lire en effet, à l'endroit du cap, *Promontorium Felis* (le «promontoire du chat»). Il y avait déjà là matière à légende, car la forme du rocher se prêtait bien à toutes sortes d'histoires de chats.

Toutefois, les noms de lieux peuvent aussi naître d'une confusion. Il se peut donc que ce soit Aymar de Chaste, troisième lieutenant général de la Nouvelle-France, qui ait été honoré par ce toponyme, car une carte dressée en 1612 identifie un *C. de chate* et une autre, en 1626, *cap de Chatte*. Ce n'est que plus tard, en 1685, que le nom prend sa forme masculine: *Cap du Chat*. Des deux hypothèses, la légendaire et l'historique, c'est à cette dernière que se rallient aujourd'hui les spécialistes.

Aymar de Chaste méritait bien cet hommage, car, à la suite du mandat que lui avait confié le roi Henri IV, celui d'élaborer un plan de colonisation de la Nouvelle-France, il finança la mission qu'entreprirent en 1603 Samuel de Champlain et François du Pontgravé et qui les amena à Tadoussac. À leur retour en France, le gouverneur de Chaste était décédé. Son âme se serait-elle réfugiée dans le roc... avec le chat ?

Le cap Chat

Comment s'y rendre

À partir de Montréal, vous vous dirigez vers la Gaspésie, comme pour en faire le tour dans le sens des aiguilles d'une montre, d'abord par l'autoroute 20, puis par la 132. Après 700 km, vous arrivez au village de Cap-Chat; là, tout le monde connaît le rocher.

Et autour

Cap-Chat est à mi-chemin entre deux lieux de légendes: Les Méchins à l'ouest, Saint-Octave-de-l'Avenir à l'est, tous deux à 25 km… et à quelques pages de celle-ci.

Airs de famille

CHEZ NOUS: Les histoires mettant en scène des chats noirs sont légion. Le Québec n'y échappe pas. Si le pont de Québec a fini par être ce qu'il est après les deux catastrophes qui ont marqué sa construction, c'est que le contremaître de la troisième tentative lança le chat noir qu'il venait de croiser au visage d'un étrange personnage qui réclamait l'âme du premier individu à traverser le pont. Le sort fut ainsi conjuré.

AILLEURS: À La Romieu, un village de Gascogne, des chats de pierre sont juchés sur des murs, des parapets, des bords de fenêtres, partout. Ils sont là pour rappeler une légende selon laquelle la ville fut un jour débarrassée de ses rats grâce aux centaines de chats d'une jeune fille qui les aimait tant qu'elle finit par leur ressembler étrangement.

Arbres fabuleux

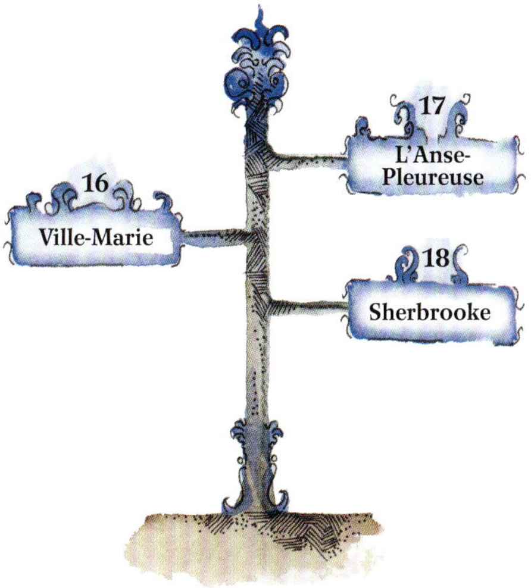

On dit que seuls les humains ont une âme. Qui sait ?… Chose certaine, il n'y a pas que les humains qui aient une mémoire ; même les pierres en ont une et, à plus forte raison, les végétaux, les fleurs, les arbres. Mais de quoi se souviennent-ils ? De ce qu'ils ont vu ? Ils n'ont pas d'yeux… De ce qu'ils ont entendu ? Ils n'ont pas d'oreilles… De ce qu'ils ont senti ? Pourquoi pas ?

Il se peut que les arbres aient emmagasiné des souvenirs qu'ils nous livrent ensuite à leur façon. Trois légendes nous le laissent croire : **La Forêt enchantée, L'Anse-Pleureuse** et **Le Pin solitaire.**

La Forêt enchantée

L'Anse-Pleureuse

Le Pin solitaire

16

Ville-Marie

La Forêt enchantée

Il existe, sur les bords du lac Témiscamingue, un boisé de cèdres nommé la *Cédrière du Vieux Fort*. Les gens de la région l'appellent *La Forêt enchantée*. Quand on connaît la légende, on se demande si on ne l'a pas surnommée de cette belle façon pour ne pas faire peur aux enfants qui seraient tentés d'aller percer le mystère de ces arbres tordus par on ne sait quelle force extraordinaire. Oui, bien bizarrement tordus, quand on sait que, normalement, les cèdres s'élancent vers le ciel bien droits, comme de solides I majuscules. Évidemment, il s'est passé quelque chose d'étrange pour que ces arbres aient une forme aussi tourmentée. Et si cette bizarrerie cachait quelque diablerie ?

On sait que les arrivants européens n'ont pas été tendres pour leurs prédécesseurs. Des batailles inégales ont fait, chez les Amérindiens, bien des victimes, que leurs ennemis d'alors ont enterrées un peu partout au pays, sans se soucier des conséquences de leurs actes. On le sait, les peuples de la forêt ne parlent pas pour rien dire. On pourrait penser que la traditionnelle soumission des peuples conquis les a soumis à un silence éternel. Mais attention : il arrive que, par-delà la mort, ils se manifestent de façon tangible. C'est ce qui se serait passé dans la Forêt enchantée.

Conscientes des injustices subies, les âmes des Indiens conquis, confinées sous la surface de leur terre bien-aimée, ont voulu exprimer leur douleur à tous ceux qui la fouleraient et le faire par des signes visibles. Il fut décidé, lors d'un conciliabule convoqué par le Grand Esprit et regroupant chefs, chamans et manitous, que le langage le plus efficace pour formuler ce témoignage d'outre-tombe serait celui des arbres, des êtres bien vivants. Car les arbres ont une mémoire et peuvent témoigner de l'histoire de ceux qui les côtoient.

Serait-ce la rivière des Outaouais, en apportant le vent du Nord, qui a fait frissonner les arbres de Fort-Témiscamingue ?

Dans leur sagesse, les Amérindiens savent qu'à bien observer la forme des plantes et des arbres on peut comprendre les signaux de la nature. Un des anciens nous l'a dit : dans la légende de la *La Forêt enchantée*, chaque cèdre est l'habitat d'une âme indienne reposant, inquiète, dans le cimetière de la cédrière. À voir les nœuds, les torsions et les torsades de cette colonnade désordonnée, on comprend la douleur, la souffrance et la misère. La singularité des formes de ces arbres tourmentés est-elle un appel ? un reproche ? un avertissement ? Bien les regarder, c'est aussi écouter leur message.

Comme les âmes qui les habitent, les cèdres de la Forêt enchantée ont vécu des moments difficiles.

Si vous passez par là un jour de grand vent, vous entendrez peut-être la plainte des âmes prisonnières, la voix de ceux qui n'ont pu se faire entendre avant de mourir.

Il y a une autre explication à l'étrange phénomène. Les gens de l'endroit avaient l'habitude de débiter des arbres morts pour nourrir leurs feux. Un jour, un quidam eut l'idée d'utiliser le plus bel arbre de la forêt, pensant qu'il ferait le plus beau feu de toute l'histoire. Le clan lui déconseilla. Mais il plaida sa cause avec tant d'éloquence que, finalement, la majorité des membres lui permit d'abattre cet arbre-roi. Arrivé sur les lieux, il entendit une voix (sûrement celle du Grand Manitou) lui disant : « Ne touche pas à cet arbre ; il est garant de bonheur. » Incrédule et frondeur, il attaqua le majestueux cèdre de sa hache. Mal lui en prit, car l'arbre s'écroula directement sur lui ; il mourut sur le coup. Mais ce ne fut pas le seul malheur. Le Grand Manitou décida d'enfermer dans les arbres de la forêt, au fur et à mesure de leur mort, les âmes de ceux qui avaient approuvé l'idée saugrenue de notre loustic. La Forêt enchantée est, depuis ce temps, un rappel vivant du respect qui lui est dû.

L'origine de l'enchantement

La Forêt enchantée est une belle forêt où domine, presque exclusivement, le cèdre, plus précisément le *thuya occidental*. Les cèdres sont, en général, des arbres qui poussent droit comme des obélisques. Or chez les arbres comme chez les êtres humains, les années de jeunesse impriment des tendances qui peuvent soit se manifester la vie durant, soit se corriger avec le temps. Dans un cas comme dans l'autre, c'est souvent l'environnement qui conditionne cette évolution.

Lorsque les premières pousses des arbres sont soumises à des vents changeants, pour peu que ces derniers soient constants durant d'assez longues périodes, elles se plient aux caprices de l'air et prennent des directions aussi variées que celles des vents dominants. Un des arguments utilisés pour étendre cette explication à *La Forêt enchantée* du Témiscamingue est le fait que c'est surtout à la base de leur tronc que les cèdres sont tordus. La proximité du lac les soumet à l'action du vent qui a eu beau jeu d'imprimer aux jeunes pousses des inclinaisons successives, que la croissance n'a pas modifiées jusqu'à ce que les arbres soient devenus plus résistants au vent.

La nature a fait au Témiscamingue ce que les Japonais ont fait chez eux, avec art et imagination, en développant la technique des bonsaïs. Ici, la nature; là-bas, l'ingéniosité nippone.

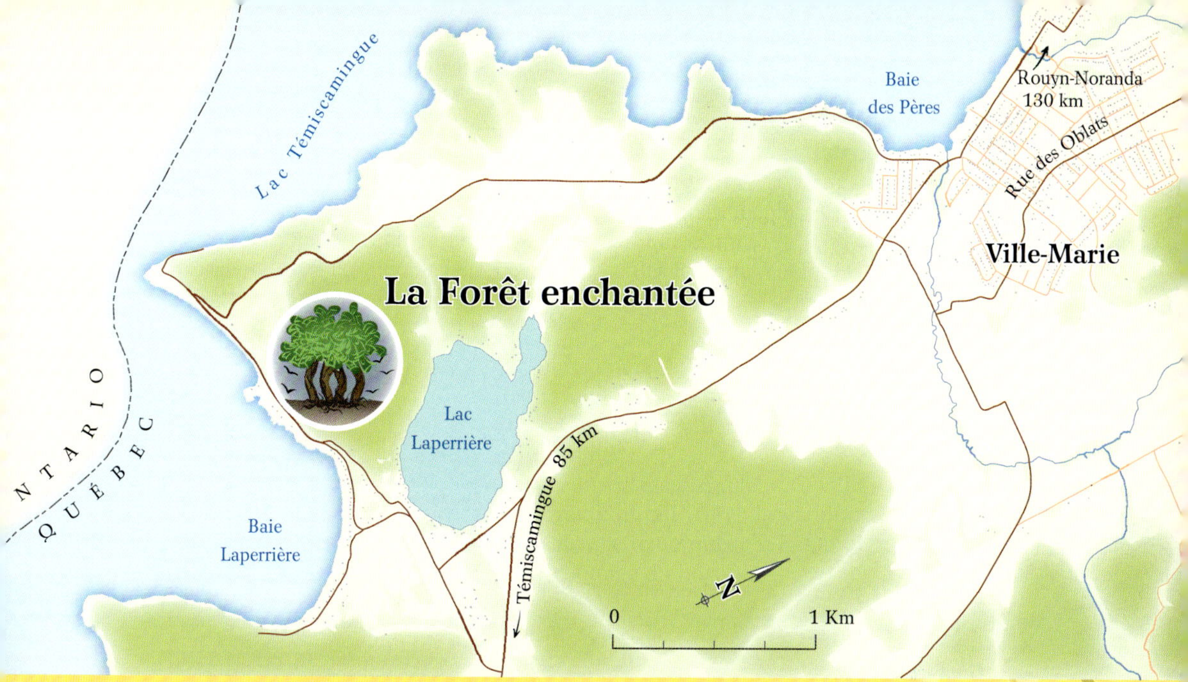

Comment s'y rendre

Pour atteindre La Forêt enchantée depuis Montréal sans quitter le Québec, il faut faire un détour par l'Abitibi et redescendre vers Ville-Marie : un trajet de quelque 750 kilomètres. Le voyage par le côté ontarien de la rivière des Outaouais est sensiblement plus court. La Forêt enchantée est située sur le territoire du Lieu historique national de Fort-Témiscamingue, à quelques kilomètres au sud de Ville-Marie.

Et autour

Le Lieu historique national de Fort-Témiscamingue présente des reconstitutions partielles des bâtiments de la Compagnie de la Baie d'Hudson et différents objets relatifs aux activités des communautés indiennes, française et anglaise qui ont fréquenté les lieux.

À 35 km au nord-est de Ville-Marie, au village d'Angliers, le Chantier de Gédéon est un centre d'interprétation qui recrée la vie quotidienne des bûcherons. On peut y voir aussi le remorqueur T. E. Draper, un des plus importants de l'époque du flottage du bois.

Airs de famille

CHEZ NOUS : À Saint-Prosper, en Beauce, une *Forêt légendaire* attend votre visite pour élucider un mystère au moyen de quelques indices. Les animateurs du Village des défricheurs vous y proposent un jeu grandeur nature.

AILLEURS : Avec ses fées, ses arbres étranges, ses sources magiques et sa *Dame blanche*, la forêt de Paimpol, aussi connue comme la *forêt de Brocéliande*, est considérée comme le berceau des légendes celtiques.

17

L'Anse-Pleureuse

L'Anse-
Pleureuse

Certains soirs d'hiver, dans nos campagnes, le poêle ronronne assez fort pour qu'on n'entende presque pas le vent qui, dehors, fait des siennes. Car le vent, à L'Anse-Pleureuse, ce n'est pas rien. Parfois il frappe directement du large et bute sur la montagne, derrière le village. Parfois il descend des plateaux par la vallée qui aboutit à l'anse. Il arrive aussi qu'il hésite : il tourne, tournoie, tourbillonne tant et tant qu'il souffle sur les quatre murs de la maison en même temps. C'est alors le temps de se raconter des histoires…

Quel vilain Manitou pouvait prendre plaisir à effrayer les bonnes gens d'un village entouré d'un paysage aussi serein ?

Ce soir-là, quatre bons vieux se contaient des peurs. Ils n'inventaient rien, mais commentaient plutôt ce qu'on entendait au village depuis longtemps : des plaintes, des murmures, des gémissements, des braillements, des hurlements, des grognements, des grondements, des mugissements, des jérémiades… bref, ces sons inquiétants que tout le monde ici avait entendus sans savoir ce qu'il en était.

– Vous voulez savoir c'est quoi ? Je vais vous le dire, a d'abord lancé Gédéon, le doyen des compères. C'est les pleurnicheries des deux petites pestes qui s'étaient sauvées du couvent de Gaspé. Le bon Dieu les a punies : la mer les a emportées, pis elles ont viré fantômes.

– Non non, répliqua Josaphat. L'histoire des deux petites de Gaspé, je la connais. Tu savais pas qu'on les avait retrouvées à Cap-aux-Os ? C'était longtemps après ; on l'a pas su par ici. Moi, ce que je sais, c'est que le pauvre diable qu'on a trouvé assassiné sur la grève, il y a ben cent ans, on n'a jamais su qui l'avait tué. Moi, on m'a dit que le tueur a pogné les remords, y paraît que ça arrive, pis qu'y s'est tiré à l'eau. C'est peut-être son fantôme qui revient se plaindre de temps en temps.

– Ben non, ajouta Onésime, tu sais bien que les polices ont fait leur enquête et que le pauvre gars était mort du cœur. En tout cas, y est mort de mort naturelle. Ou ben, y est peut-être tombé de la falaise. Mais elle est pas bien haute, là. De toute façon, d'une fois à l'autre, on n'entend pas toujours la même chose. Moi, je pense qu'y a tellement de marins qui se sont retrouvés au fond de l'eau que c'est sûrement eux autres qui nous appellent.

– Ben voyons donc!, dit Ti-Pierre, plus jeune et un peu moins crédule que ses amis (disons: à peine un peu moins); Quand on est mort, on est mort. Les âmes s'en vont au ciel ou ben en enfer, ou ben au purgatoire. Y reviennent pas sur terre. Arrêtez d'inventer des histoires. Moi, je me base sur des affaires vraies, qu'on peut voir, pas des imaginations. Ça vous est-y arrivé, un matin, de trouver la crinière de vos chevaux toute pleine de nœuds?

Les *pleurs* seraient-ils les gémissements de ces deux bouleaux, tremblant de froid sous le vent?

– Ouais, pis?

– Ben moi aussi. Même, une fois, c'était la queue de ma pouliche qui était toute détressée. J'ai ben réfléchi; j'ai consulté, je vous dis pas qui; mais maintenant, je sais que c'est les lutins, ces petits maudits malfaisants qui viennent s'amuser la nuit pour faire leurs mauvais coups pis qui s'en vont en faisant hou! hou! pour nous faire peur.

Après des heures de discussions à comparer leurs hypothèses, nos quatre compères s'entendirent: c'étaient effectivement les lutins qui, autrefois, hantaient ces lieux. Ils s'en furent alors conseiller aux habitants du village de placer un petit cheval de bois au sommet de leur grange pour signifier aux lutins qu'ils connaissaient leur manège et qu'ils les attendaient de pied ferme. Leurs sages conseils furent écoutés, et cela fut fait. Allez voir, il reste peut-être quelques-uns de ces petits chevaux sculptés. On dit que les lutins reviennent de temps en temps. Ils n'entrent plus dans les bâtiments, mais on les entend encore parfois grogner de mécontentement.

Y aurait-il des bouleaux pleureurs ?

La Gaspésie est un pays de grands vents. Les forêts d'éoliennes sont là pour en témoigner. Quand le nordet ou le saroit souffle, les arbres se mettent à bouger ; on pourrait dire « danser », surtout quand on se rappelle que le curé avait dit : « Danser collés n'est pas sans conséquences. » Or, derrière le village, deux arbres, sans doute s'aimant d'amour tendre, avaient grandi tellement collés l'un sur l'autre que le moindre mouvement leur faisait émettre des sons qui traduisaient fidèlement le sifflement du vent. Était-ce de plaisir ou de douleur ? Comment savoir ? Chose certaine, c'était assez pour attiser l'imagination des gens de L'Anse-Pleureuse.

En passant par ce joli village, demandez à quiconque. On vous montrera peut-être avec fierté les deux arbres à l'origine de cette légende. Ce ne seront pas toujours les mêmes, mais quelle importance ? On est tout de même en droit de se demander s'il s'agissait de sapins, d'érables ou de saules. Puisqu'ils se lamentent, s'agirait-il de saules pleureurs ? Pas sûr, car ils sont rares dans la région et ce n'est pas en montagne qu'on les trouve.

Sur cette question fondamentale, les spécialistes s'entendent : la plupart favorisent le bouleau, car il n'est pas rare en Gaspésie et, surtout, parce que c'est un arbre qui aime la compagnie. On le retrouve souvent en groupes de deux ou trois. Voilà un rare exemple où la sylviculture vient au secours de la légende.

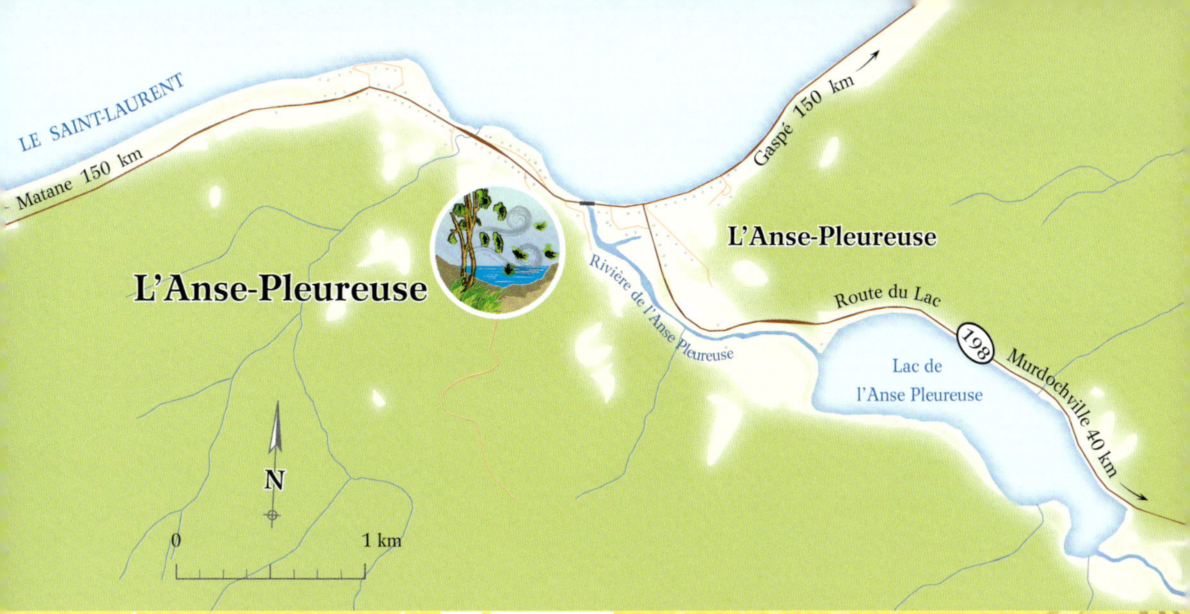

Comment s'y rendre

L'Anse-Pleureuse est un des grains de ce long chapelet de villages qui constituent le *tour de la Gaspésie*. Il suffit de suivre la route 132. Après avoir parcouru, depuis Rimouski, 300 kilomètres d'une route pittoresque entre mer et montagne, vous y êtes.

Et autour

À 15 km à l'ouest de L'Anse-Pleureuse, le village de Mont-Saint-Pierre se love entre deux hautes montagnes dont l'une sert de départ pour le vol libre. De là-haut, la vue est spectaculaire.
Ajoutons que c'est de L'Anse-Pleureuse que part la route 198 vers la réserve faunique des Chics-Chocs et Murdochville, qui résiste aux contrecoups de la fermeture de sa mine de cuivre.

Airs de famille

CHEZ NOUS : L'Anse-Pleureuse n'est pas le seul endroit pour entendre des lamentations. À une trentaine de kilomètres à l'est, à l'embouchure de la rivière Madeleine, vous pourrez peut-être entendre le Braillard de la Madeleine. À Natashquan, les arbres parlent d'autre chose. Gilles Vigneault l'a dit : « Un arbre parle à l'autre, il est question d'oiseaux, parfois de vent, de pluie, plus rarement de neige. »

AILLEURS : Les forêts de Lituanie ne sont pas silencieuses ; on y entend toutes sortes de bruits. Là-bas, on dit que les arbres se parlent entre eux. Par exemple, que les chênes se moquent des frênes, avec leurs trop petites feuilles. Mais comme les humains ne comprennent pas toujours ce langage, ils inventent des légendes ; certaines font rire, certaines font peur.

18

Sherbrooke

Le Pin
solitaire

Partout au Québec, on rencontre des éléments du paysage dont on ne se doute pas qu'ils puissent avoir été autrefois des êtres humains ou des animaux. On peut bien attribuer au hasard le fait qu'un rocher ressemble à un chat, à une vieille dame ou à un Indien. Mais il faut savoir qu'il n'y a pas de hasard dans ce bas monde. Rien n'est insignifiant. Tout a un sens. Les montagnes, les caps, les arbres, les fleurs ont tous quelque chose à révéler. Il faut les écouter, décoder leur message. Ainsi, on sait maintenant que des amants trop longtemps séparés et demeurés fidèles l'un à l'autre se sont réfugiés pour l'éternité dans des rochers qui ont assumé leur peine, en empruntant parfois leur forme. Pensez au *rocher de Grand-Mère,* à la *Tête d'Indien* ou encore à la *Roche pleureuse* dont on raconte les tristes histoires dans ce livre.

Ni pin ni solitaire, l'arbre de *Mena Sen* conserve tout de même la mémoire d'une triste histoire.

Il se peut aussi que la transformation d'un être vivant en une momie pétrifiée soit plutôt une punition. Et si le cap Chat avait emprisonné un méchant félin sur ordre de la fée protectrice des bons chats et justicière des vilains ? Et si, à L'Anse-Pleureuse, les lamentations de deux arbres entremêlés, bien audibles les jours de grand vent, étaient en fait celles d'un assassin repentant dont l'âme vagabonde se serait réfugiée dans l'un d'eux ? Il n'est pas courant que les âmes mortes se retrouvent dans des arbres, mais c'est une possibilité reconnue. Allez visiter la Forêt enchantée, en Témiscamingue, vous le constaterez. Et allons rejoindre entre-temps un petit arbre, seul sur un rocher, qui en a lui aussi long à dire…

Il existe, dans la rivière Saint-François, une île si petite que l'ombre d'un pin solitaire dépasse son contour à toute heure du jour. Un pin malingre et discret comme s'il était malheureux d'avoir été emprisonné seul sur son rocher. Comment a-t-il pu arriver sur cette île ? On se le demandait jusqu'au jour où l'on apprit qu'il en était à sa seconde, sinon à sa troisième vie. On apprit aussi que ce n'était pas tout à fait un arbre, mais bien une personne que le Grand Manitou a un jour fait passer au règne végétal. Plusieurs récits évoquent son histoire. Malgré leurs différences, ils partagent un point : dans tous les récits, l'arbre est la réincarnation végétale d'un être humain qui y aurait laissé sa peau… et son âme. De qui s'agit-il ? Voilà le mystère.

Certains prétendent que le pin solitaire de notre histoire est investi d'une mission historique : celle de rappeler que Mohawks et Abénaquis se sont longtemps disputé le territoire. Un jour, raconte-t-on, le conseil des sages de ces tribus décida que la propriété du lieu reviendrait au vainqueur d'une épreuve à laquelle seraient soumis les plus valeureux de chacun des camps. Il s'agissait de courir autour du rocher jusqu'à épuisement ; le premier à succomber à la fatigue obligerait sa nation à céder le territoire à l'autre. Ce qui fut fait. Le perdant fut exécuté et enterré sur place.

On raconte que le pin né de la tombe du malheureux rappelle la victoire des Abénaquis sur les Mohawks. On raconte aussi que la victime de cet arbitrage insensé a décidé de rappeler l'injustice de son sort en prenant la forme d'un arbre immortel. Telle est la légende de *Mena Sen* qu'un fait divers est venu confirmer. Il y a une centaine d'années, l'arbre a été coupé, car on en avait peur. Mais il a repoussé, confirmant la légende. On raconte encore que deux ivrognes décidèrent un jour d'abattre le pin pour en vendre le bois et s'offrir de la boisson. La mémoire de l'Indien étant plus forte que leur godendart, le pin a repoussé.

Il en est des arbres comme de certains animaux légendaires. Tel le phénix, ils meurent et renaissent. Est-ce parce qu'elles ne croyaient pas aux légendes et supposaient qu'un jour l'arbre viendrait à disparaître que des personnes ont érigé, à côté du pin solitaire, une croix de métal ? Nous ne serons pas là pour le vérifier…

Une île aux trois règnes : une croix de *fer*, pour rappeler le souvenir d'un être de *chair* devenu *rocher*.

Un instinct de conservation végétal

Qu'un arbre projette son ombre, à quelque heure du jour, sur une île entière n'a rien d'incongru si cette île est minuscule. C'est bien le cas ici. À nos latitudes, le soleil n'est jamais vraiment au zénith. Ses rayons arrivent toujours sur nos terres dans un certain angle, projetant inévitablement l'ombre du moindre élément vertical sur le sol. Dans le cas qui nous occupe, bien que l'arbre soit de modestes dimensions, son ombre atteint toujours le bord de l'îlot.

Le mystère n'est pas là. On pourrait plutôt s'étonner, sinon de l'arrivée de l'arbre sur ce rocher aussi dénudé qu'isolé, en tous les cas de sa renaissance après avoir été abattu. On sait pourtant que les arbres, comme les humains, ont un instinct de conservation peu commun. Il suffit qu'une graine minuscule, apportée par le vent, réussisse à s'introduire dans une fente rocheuse où se trouvent quelques grains de terre pour qu'au contact de la pluie germe une pousse qui pourra devenir un arbre de dimensions impressionnantes. Qu'un pin laisse sa place à un arbre différent, par ce même processus, n'a non plus rien de surprenant. C'est ce qui se serait produit sur l'îlot du Pin-Solitaire. La toponymie est la mémoire des lieux…

Mena Sen,
terre abénaquise.

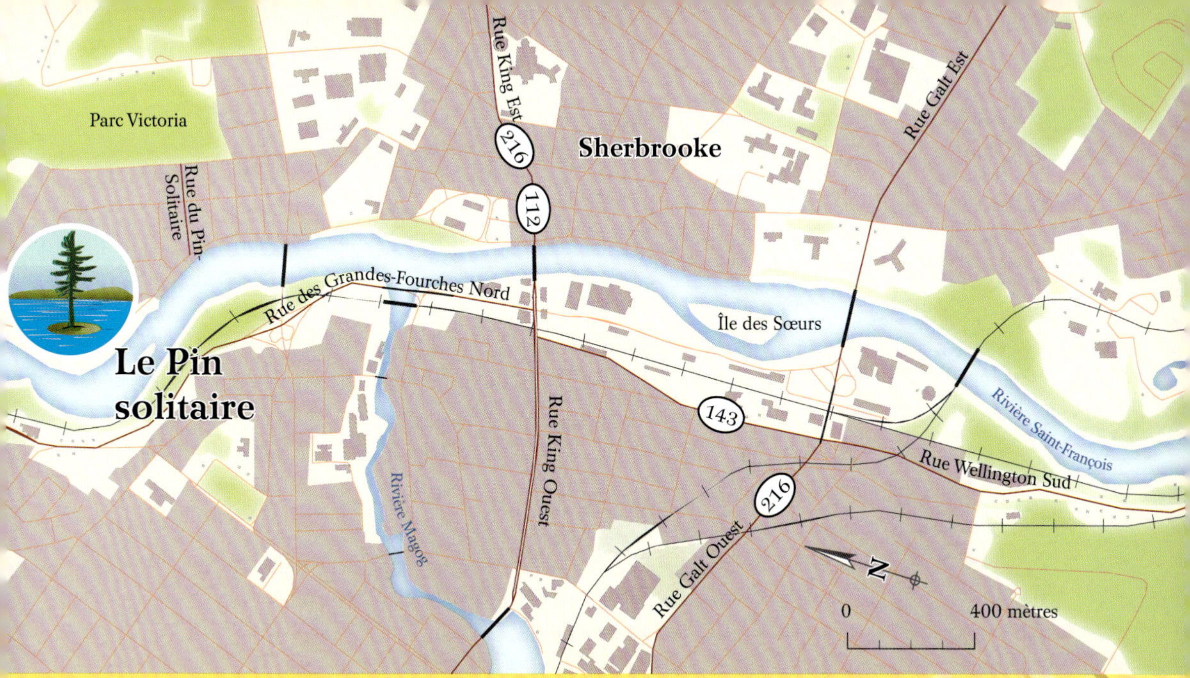

Comment s'y rendre

Tout Sherbrookois pourra vous indiquer où se situe l'îlot du Pin-Solitaire. La rue Saint-François Nord suit la rivière Saint-François sur sa rive droite ; à un kilomètre au nord de la rue King, vous croisez la rue du Pin-Solitaire ; vous êtes en face de l'arbre légendaire.

Et autour

Comme toute capitale régionale, Sherbrooke a beaucoup à offrir, dont un intéressant panorama de l'architecture sacrée, avec ses 25 églises et chapelles de différentes confessions religieuses. À ceux qui préfèrent l'environnement naturel au surnaturel, le parc national du Mont-Orford offre une large gamme d'aménagements et d'activités.

Airs de famille

CHEZ NOUS : On se demande si le nom du *lac du Sapin Croche* n'a pas la même origine que les cèdres de la *Forêt enchantée* et si cet arbre mystérieux ne serait pas, lui aussi, habité par l'âme d'un défunt qui aurait laissé sa vie dans les *Passes Dangereuses* de la rivière Péribonka, non loin de là. Il y a peut-être au sujet de ce lac une légende à découvrir.

AILLEURS : Certains arbres ont une bien longue mémoire. Durant son périple sur la route de la soie, Marco Polo a localisé, au nord de l'Iran actuel, un *Arbre Sec* bien solitaire qui, selon lui, devait indiquer la limite entre l'Occident et l'Orient, parce qu'il se trouvait à l'endroit précis où, en 331 avant notre ère, Alexandre le Grand aurait vaincu Darius III de Perse.

Chemins dangereux

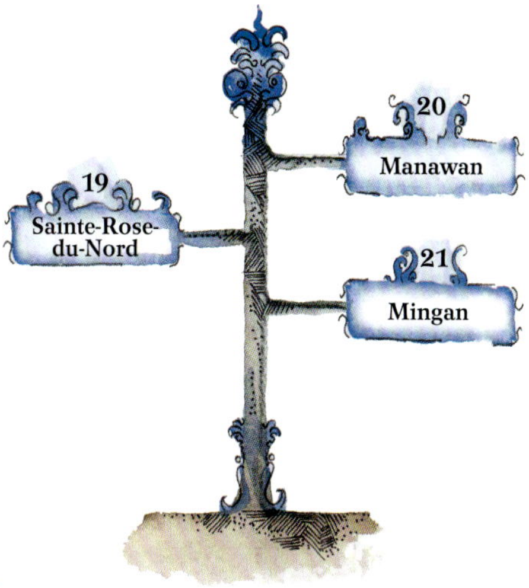

N'attendez pas d'avoir une raison précise pour éviter un chemin dangereux ; fiez-vous à la sagesse populaire. Ne passez jamais sous une échelle ; il vous arriverait malheur. Un chat noir s'interpose devant vous ? Faites un détour. Un hibou hulule à l'entrée d'un bois ? N'y entrez pas. Autant de sages conseils.

Une personne avertie en vaut deux ! Retenez donc l'enseignement de ces légendes. **La Descente des Femmes** livre deux aspects de la sagesse amérindienne, tandis que **Le lac des Tombeaux** et **La passe du Manitou** incitent à la prudence.

19

La Descente des Femmes

20

Le lac des Tombeaux

21

La passe du Manitou

19

Sainte-Rose-du-Nord

Est-ce vérité ou légende ? Voilà une question que l'on se pose souvent. À vrai dire, quelle importance ? Ce à quoi l'on croit a autant de valeur que ce que l'on sait ; et c'est souvent même plus intéressant. Il est d'ailleurs dans l'ordre des choses que ces deux réalités se complètent. Par exemple, on ne peut douter du fait que des femmes soient, un jour ou par habitude, descendues vers le Saguenay en se laissant glisser le long d'une falaise près de Sainte-Rose-du-Nord, même si on ne connaît pas les circonstances exactes de cet exploit. Pourquoi avaient-elles emprunté cet étrange itinéraire, alors qu'il y avait bien d'autres moyens de se rendre à destination, par voie d'eau ou de terre ? C'est justement là que la légende intervient. Permettez-nous d'en raconter deux versions, un tantinet contradictoires.

La Descente des Femmes

La Descente des Femmes a-t-elle été un chemin de détresse…

Première version. Les femmes des chasseurs innus étaient bien conscientes de la lourde tâche qui incombait à leurs maris, celle de traquer le gibier, de le tuer, de le dépecer, d'en décortiquer les quartiers comestibles, de transporter le tout au campement. Elles mesuraient bien l'importance de leur travail et attendaient toujours avec impatience le retour de leurs chasseurs préférés. Était-ce l'impatience de connaître l'issue de la chasse ou simplement leur sens prémonitoire qui les décidait à partir à leur rencontre ? Nul ne peut le dire. Descendaient-elles paisiblement la rivière en direction d'une anse bien protégée ou, pressées de retrouver leurs compagnons, prenaient-elles des raccourcis plus accidentés ? Qui sait ?

Voici la deuxième version, plus détaillée parce que jugée plus vraisemblable par les légendologues. C'est bien connu : les maris ne sont pas toujours tendres avec leurs épouses, chez les Amérindiens comme chez les autres. À tort ou à raison, il arrive que celles-ci craignent leurs maris. Dans les tentes comme dans les maisons, les disputes sont inévitables. Alors voilà ce qui a pu arriver.

Un des chasseurs, revenu de la forêt avec de belles prises, était bien fier de son succès et réticent à partager son butin. Les femmes du clan sont intervenues en proposant, selon la coutume, un partage équitable entre les familles. Les hommes, davantage enclins à célébrer leur chance sans partage, menacèrent les femmes de punitions si elles insistaient. On peut imaginer la sévérité de leur châtiment.

Craignant d'être victimes de quelques sévices, les femmes eurent la sagesse de quitter les lieux le plus discrètement possible, en évitant le grand portage qui, normalement, les aurait ramenées à leur campement permanent, quelque part près des Escoumins. Elles pensaient bien que leurs maris pourraient les poursuivre, les rejoindre d'un pas plus rapide et mettre leurs menaces à exécution. Elles décidèrent donc de se laisser glisser sur la pente de la falaise inclinée pour rejoindre les canots du bas et fuir en redescendant le Saguenay. Ce qu'elles ont fait. On ignore ce qui arriva après cette fuite.

On peut se demander si ces femmes ont agi par amour ou par crainte. Saluons, dans le doute, leur ingéniosité et leur courage. Qui a dit que les femmes autochtones étaient toujours soumises ?

… pour fuir des maris menaçants en empruntant un parcours si dangereux ?

GÉOGRAPHIQUEMENT DIT

...ou fut-elle un chemin de tendresse pour aller rencontrer des maris bien-aimés?

Deux éléments du paysage: deux hypothèses

À n'en point douter, des femmes ont déjà utilisé l'endroit pour atteindre la rive du Saguenay. À preuve, on a donné le nom de *Descente des Femmes* à deux accidents géographiques qui peuvent effectivement servir à «descendre vers le fjord».

La rivière de la Descente des Femmes aboutit à l'anse du même nom. Celle-ci est encadrée de reliefs abrupts, comme c'est le cas tout au long du Saguenay. Du côté ouest, le cap plonge directement dans le fjord; il est dénudé, très pentu et semble offrir, pour quitter rapidement le haut de la falaise, une issue utilisable, bien qu'un peu acrobatique, pour quiconque n'aurait pas peur de s'y laisser glisser. La rivière, pour sa part, constitue une voie d'accès au Saguenay qui demande moins d'audace. Son cours n'est ni très accidenté ni tumultueux.

Il est logique de penser que c'est en longeant la rivière que les épouses descendaient pacifiquement rencontrer leurs maris. Si, par ailleurs, des circonstances troubles les obligeaient à déguerpir, la falaise, tenant lieu de glissoire, se prêtait mieux à une fuite rapide. La géographie n'est donc pas d'un grand secours ici puisqu'elle se prête à l'une ou l'autre hypothèse. Par ces deux éléments du paysage, la géographie appuie l'une et l'autre version de la légende.

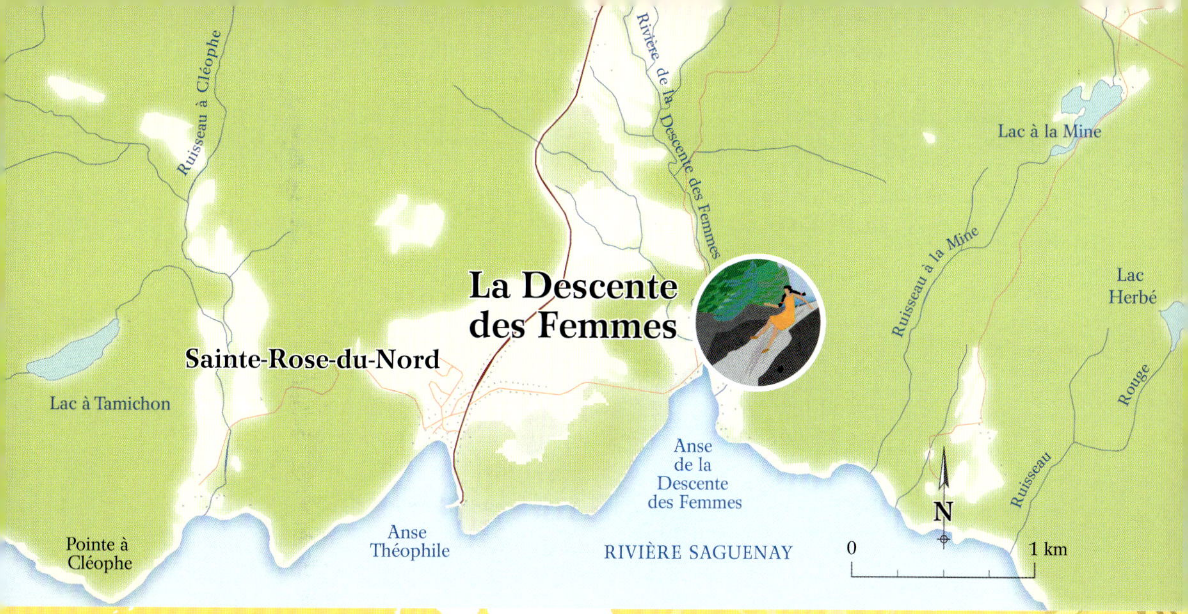

Comment s'y rendre

Le pittoresque village de Sainte-Rose-du-Nord est situé presque à mi-chemin entre Chicoutimi et Tadoussac en marge de la route 172, dans une des baies du fjord. À l'entrée du village, la rue de la Descente-des-Femmes vous conduit au site de la légende. La configuration des lieux vous suggérera que les deux hypothèses sont plausibles.

Et autour

En quittant Chicoutimi pour Sainte-Rose-du-Nord, Saint-Fulgence est le premier village qu'on rencontre sur la route 172. Entre le village et le fjord s'élève le cap des Roches, où vous attend le *Centre d'interprétation des battures et de réhabilitation des oiseaux*, un sympathique hôpital d'oiseaux. À quelques kilomètres à l'est de Sainte-Rose, on peut quitter la route principale pour descendre à l'ancien village de Saint-Basile-de-Tableau d'où l'on a une belle vue sur le *Tableau*, un tableau noir pour géants sur l'autre rive du Saguenay.

Airs de famille

CHEZ NOUS : À Saint-Jean-Port-Joli, à peu près tout le monde sait qu'il fut un temps où une jeune femme se rendait chaque jour au fleuve, à *la mer*, à la rencontre des marins qui y accostaient pour admirer la grâce de la belle visiteuse. En échange des histoires qu'ils lui racontaient, elle leur donnait des fruits et du pain. On l'appelait la *coureuse des grèves.*

AILLEURS : Dans le cadre des championnats du monde de ski alpin, la célèbre station de ski de Val d'Isère a récemment offert un spectacle inusité. On a organisé des descentes « face-à-face » : la descente des hommes et la *descente des femmes*. Rien à voir avec notre légende, mais c'est quand même un air de famille.

20

Manawan

Le lac des Tombeaux

En Europe, on fréquente les cimetières. En France, en Belgique, en Italie, on les fleurit sans cesse. En Russie, on va s'asseoir à côté des tombes pour manger et boire à la santé *post-mortem* des défunts. Mais, chez nous, il faut bien en convenir, on ne les fréquente pas, ou si peu. Serait-ce que l'on craint que quelque revenant ne vienne troubler la quiétude de ces lieux de repos éternel ? Peut-être, surtout si des corps sans sépulture, perdus en forêt, sont regroupés au bord d'un lac pour former en quelque sorte un cimetière sans surveillance. Convenez-en : ça peut être mystérieux et même effrayant.

Même si, au Québec, la plupart des lacs sont là pour accueillir les amants de la nature et leur offrir calme et sérénité, ce n'est pas toujours le cas : il en est de dangereux. Vous pouvez y rencontrer des revenants, des fantômes, des diables, des mauvais esprits. Il existe des lieux où des morts ont laissé leur trace et dont les restes (soyons clairs : les squelettes) sont comme des indices des dangers qui guettent les visiteurs. Il est alors bien imprudent d'aller les déranger. En Haute-Mauricie, tous les légendologues vous conseilleront d'éviter un certain lac. Et ils ont raison. Voici pourquoi.

Serait-ce pour exorciser ces lieux trop près de la communauté Atikamek de Manawan qu'on a changé le nom du lac des Tombeaux pour celui de Métabeskéga ?

Un chasseur blanc, un Latuquois qui connaissait la forêt laurentienne, s'y est un jour enfoncé pour aller abattre son orignal comme il le faisait tous les ans. (Nous tairons son nom, car ce qu'il a raconté est à l'origine de mystérieuses disparitions dont il ne voudrait pas être tenu responsable. On le comprend.) Son guide attikamek lui avait dit en secret qu'autour du lac Wabaskoutyunck, les orignaux étaient nombreux et relativement faciles à traquer ; il en connaissait toutes les pistes. Ils s'y rendirent. Le chasseur, qui n'en était pas à sa première chasse, se sentit attiré par une des nombreuses baies du lac, croyant qu'il y avait là de quoi attirer sa proie. Le guide lui déconseilla de s'y aventurer : « Ça, c'est le lac Métabeskéga. Personne ne doit y aller. Ça porte malheur ». Mais pourquoi ? demanda notre

Les eaux dormantes du lac sont-elles le fait du sommeil des justes ou de quelques victimes du méchant Manitou ?

chasseur. Le silence énigmatique du guide eut pour effet de l'inciter à s'y rendre seul. Lorsqu'il revint rejoindre son guide quelques heures plus tard, il était devenu muet. Et la partie de chasse se termina, sans trophée ni commentaire sur ce qui s'était passé.

On ne sait pas très bien ce que notre chasseur raconta à ses amis, à sa famille, à ses anciens compagnons. Quelques-uns ont rapporté une vague histoire de squelettes. Ce qu'on sait, c'est qu'il ne retourna jamais en forêt. Que pouvait-il avoir vu là-bas, au lac Métabeskéga ? Son silence ne fit qu'attiser à son tour la curiosité des chasseurs qui, eux aussi, savaient qu'on y trouvait beaucoup d'orignaux. Il leur fallait en avoir le cœur net.

Un jour, quelques chasseurs plus courageux que d'autres décidèrent à leur tour de s'y rendre. On organisa une expédition au lac Métabeskéga. Plus la date du départ approchait, plus nombreux étaient ceux qui se désistaient. Finalement, seuls deux chasseurs partirent à la recherche de la clé de l'énigme. Il arriva ce qui devait arriver : ils n'en revinrent jamais. Mais tant de choses peuvent survenir en forêt ; peut-être se sont-ils noyés dans des rapides ? peut-être une meute de loups les a-t-elle attaqués ? On organisa une nouvelle expédition ; par prudence, cette fois, ils seraient trois. Ils n'en revinrent jamais. Puis quatre, puis cinq expéditions. Personne n'en revint jamais.

Que penser de cela ? En tout cas, n'y allez pas ! Et si l'envie vous prenait de vérifier la légende, un conseil : faites d'abord votre testament, car vous pourriez vous retrouver parmi les squelettes du lac des Tombeaux. C'est le nom officieux qu'on a récemment donné à ce lac, sans doute en guise d'avertissement…

Les squelettes de qui ?

Certaines légendes sont pures chimères. Mais n'est-il pas naturel que, devant une réalité dont on n'a pas trouvé d'explication scientifique ou logique, on fasse appel à l'imagination et que, de vraisemblance en fantaisie, on vogue allègrement vers la légende ? Il reste que le monde légendaire a presque toujours quelque ancrage dans la réalité. L'histoire, l'ethnologie et la parapsychologie se donnent parfois rendez-vous au coin d'une légende.

Ainsi, un vieux journal de Trois-Rivières rapportait, en 1875, qu'une épidémie de *picotte* avait fait des victimes chez les Indiens de la Haute-Gatineau, une région que fréquentaient les Atikameks. En 1937, le journal *Le Mauricien* publiait l'histoire d'un chasseur, accompagné d'un Amérindien, qui avait un jour trouvé, dans un camp à l'abandon, plusieurs squelettes qu'il tenta de brûler sans succès. Voilà qui peut expliquer l'origine de la légende. Mais, à partir de là, celle-ci bifurque et se développe en plusieurs versions.

Une d'elles raconte que notre chasseur transporta les squelettes sur le bord du lac Wabaskoutyunk où on les aurait par la suite retrouvés. Une deuxième prétend qu'à la fonte des neiges l'eau ou le vent aurait transporté les cendres des squelettes vers le lac Métabeskéga. Une autre version va jusqu'à tenter de nous faire croire que les squelettes, n'acceptant pas d'être déplacés, se ruèrent sur les visiteurs et finirent par les tuer. Les squelettes de ces deniers se seraient ajoutés à ceux de leurs hôtes. On a aussi dit que les squelettes seraient ceux de quelques chasseurs blancs partis chez les Indiens et que ceux-ci ne leur auraient pas pardonné de leur avoir transmis des maladies dont ils avaient jusque-là été épargnés.

Devant tant d'hypothèses allant du vraisemblable à l'invraisemblable, il se peut que certains valeureux aient voulu faire œuvre scientifique, mais le mystère demeure entier, car ils ne sont jamais revenus.

Le lac des Tombeaux

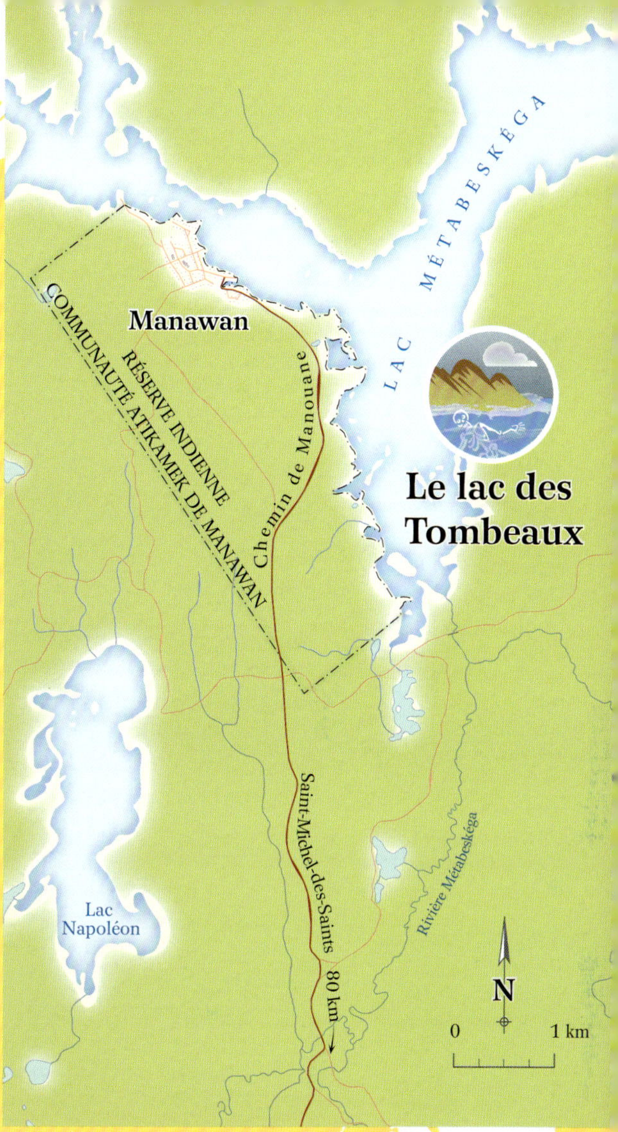

Comment s'y rendre

Par la route 131, on atteint Saint-Michel-des-Saints à une centaine de kilomètres au nord de Joliette. De là, une route mène à Manawan, 80 km plus loin. Le lac des Tombeaux, qui a maintenant comme nom officiel *lac Métabeskéga*, bien qu'il soit souvent appelé *lac Madon* sur les cartes topographiques, est en fait une baie à la pointe sud du lac Kempt. La réserve de Manawan longe le lac.

Et autour

Tout autour, c'est la forêt; sa faune, son silence et son mystère vous y attendent. Dans la réserve de Manawan, on vous en parlera abondamment.

Airs de famille

CHEZ NOUS: La toponymie rend parfois compte du caractère macabre des lieux qu'elle désigne. L'île au Massacre, à l'extrémité est du parc national du Bic, porte bien son nom. Jusqu'à récemment, des parties de squelettes jonchaient le sol d'une grotte où Micmacs et Mohawks s'étaient mortellement opposés.

AILLEURS: Aokigahara Jukai, ou mer d'arbres, est une forêt qui repose au pied du mont Fuji, au Japon. La légende dit que ceux qui se sont aventurés dans cette mer végétale n'en sont jamais revenus. Leurs squelettes, ou leurs corps à moitié dévorés par «quelque chose», sont régulièrement retrouvés dans cette forêt profonde et obscure. On dit que le même sort attend ceux qui partent à la recherche de ces disparus ou pour élucider le mystère.

21

Mingan

Un peu partout au Québec se cachent des diables, de bons et de mauvais génies, des fées et toutes sortes de personnages fabuleux. Ils savent si bien se dissimuler qu'on ne les voit pratiquement jamais. Quand ils apparaissent, c'est le plus souvent pour disparaître aussitôt. Ils retournent dans la légende aussi vite qu'ils en sont sortis après avoir causé plus de peur que de mal.

Toutefois, il y a des exceptions. Les Innus d'Ekuanitshu vous le diront. Non loin derrière leur village (celui que les Blancs ont appelé

La passe du Manitou

Les couloirs, entre deux chambres comme entre deux lacs, ont souvent quelque chose de mystérieux.

Mingan), deux lacs se font suite dans le cours de la rivière Manitou. Entre les deux, la passe de *Mantowi Etat*, qui veut dire en innu « le monstre est là ». Autant de noms qui évoquent mystère et danger. Un drame est venu confirmer que les Innus de la région avaient raison d'appeler cette passe ainsi. Les Amérindiens, qui connaissent mieux leur territoire que quiconque, ne nomment pas les lieux à la légère. Les noms qu'ils donnent à leurs rivières, lacs et montagnes leur servent d'indications et les orientent dans leurs déplacements.

Mais quel est ce monstre qui *est là* ? Précisons que ce n'est pas par manque de courage que les Innus évitent de passer par l'étroit goulot qui unit les deux lacs. C'est qu'ils savent fort bien que cette passe est dangereuse et que les responsables n'en sont pas les remous qui font danser les canots et peuvent les engloutir. Les valeureux canotiers innus en ont vu d'autres ! Les rivières de la Côte-Nord, on le sait, sont tumultueuses, entrecoupées de rapides et de chutes ; l'âme de Jack Monoloy en sait quelque chose.

En fait, personne ne parle du monstre de la rivière Mingan. Aucun des nombreux recueils de légendes du Québec n'en évoque l'existence. Et si, sur les lieux, vous interrogez les Innus au sujet de ce monstre, ils refuseront sans doute de répondre, ils vous diront que c'est une invention des Blancs, ou encore ils se réfugieront dans un silence propre à encourager le mystère. Est-ce à dire que ce monstre n'existe pas ? Voyons voir.

C'est par toutes sortes de subterfuges que nous avons réussi à savoir ce qui en était de ce lieu et du monstre qui s'y cache. Si vous gagnez la confiance d'un Innu de Mingan, peut-être vous dira-t-il que quiconque se risque dans cette passe dangereuse entendra à coup sûr des cris lugubres de plus en plus forts à l'approche de la passe. Les missionnaires avaient convaincu quelques Innus que Dieu envoie des signaux à ceux qui n'ont pas la conscience tranquille. Les Innus, eux, savent que c'est le Diable (le *matchi* Manitou) qui a ce mandat.

On raconte qu'effectivement, ceux qui s'y sont risqués n'en sont pas ressortis vivants. On connaît la date précise où Michel Ishpataw a péri dans cette passe dangereuse. Mais à quoi tient ce danger ? C'est peut-être dans la légende que se trouve la vraie réponse. Et, qui sait, c'est peut-être là que Jack Monoloy « a sauté dans son destin ». N'allez pas vérifier, vous risqueriez que personne n'ait l'occasion d'entendre votre récit.

Et si le mystère se double d'un souvenir de mort d'homme, alors il vaut mieux éviter.

Géographie vigoureuse, toponymie mystérieuse

Le Bouclier canadien, qui couvre la quasi-totalité du territoire québécois situé au nord du Saint-Laurent, est constitué des roches les plus vieilles de la Terre. Elles sont dures et très résistantes à l'érosion. La résultante en est que les cours d'eau n'y surcreusent leur lit que très lentement. Il existe une loi de la nature qui veut que les cours d'eau cherchent à utiliser tout l'espace qui leur est accessible. Mais, quand une vallée se resserre, la rivière, pour y évacuer la même quantité d'eau qu'elle reçoit, voit son courant s'amplifier et former des rapides ou une chute. C'est ainsi que les rivières du Bouclier sont ponctuées, de loin en loin, de goulots et de passes, rendant la navigation périlleuse sinon impossible.

Un peu partout au Québec, la toponymie rend compte de ces situations : les *Portes de l'Enfer, Les Passes dangereuses, Rivière au Tonnerre, Rapides du Diable…* Plusieurs hypothèses ont été avancées pour expliquer l'origine du toponyme *Mingan* qui, en langue innue, se dit *Ekuanitshu* (ou *Ekwantcho*) : les loups, pierre blanche, échouerie… Mais une enquête de terrain a permis d'apprendre que certains Innus estiment que ce toponyme peut avoir quelque chose à voir avec un manitou, un monstre ou quelque autre personnage mythique. Ce ne serait pas surprenant, car ici aussi la toponymie n'est pas avare de telles références : *lac Manitou, lac du Gros Diable, lac du Petit Diable, petite île Mantus* (le petit monstre), *lac Bat-le-Diable…*

Comment s'y rendre

À partir de Mingan, en remontant la rivière Mingan sur un kilomètre, on voit affluer la rivière Manitou. Remonter celle-ci jusqu'au lieu-dit *Matowi Etat* n'est pas une mince affaire : elle est entrecoupée de rapides et de chutes. La solution est d'aller survoler l'endroit ; d'ailleurs, la légende vous suggère que c'est plus prudent. C'est à moins de cinq minutes de vol de l'aéroport de Mingan, derrière le village de Longue-Pointe.

Airs de famille

CHEZ NOUS : Dans le secteur des monts Valin, le nom assez banal de *chute des Passes* est en fait une version édulcorée de l'ancien nom : la *chute des Passes Dangereuses.* À l'époque de la construction d'un barrage sur la rivière Péribonka, en 1958, on supprima le qualificatif pour calmer les esprits ; ceux des travailleurs ou ceux du monde de l'au-delà qui hantent ces lieux ? On ne le sait pas.

AILLEURS : Si un petit goulot entre deux lacs est dangereux, comment un détroit entre deux mers ne le serait-il pas ? Entre la mer d'Arafura et la mer de Corail, le détroit de Torres, qui sépare l'Australie de la Nouvelle-Guinée, fourmille d'esprits susceptibles de déchaîner les éléments : vents, courants et surtout animaux dangereux. Pour les gens de la région, c'est une *passe dangereuse.*

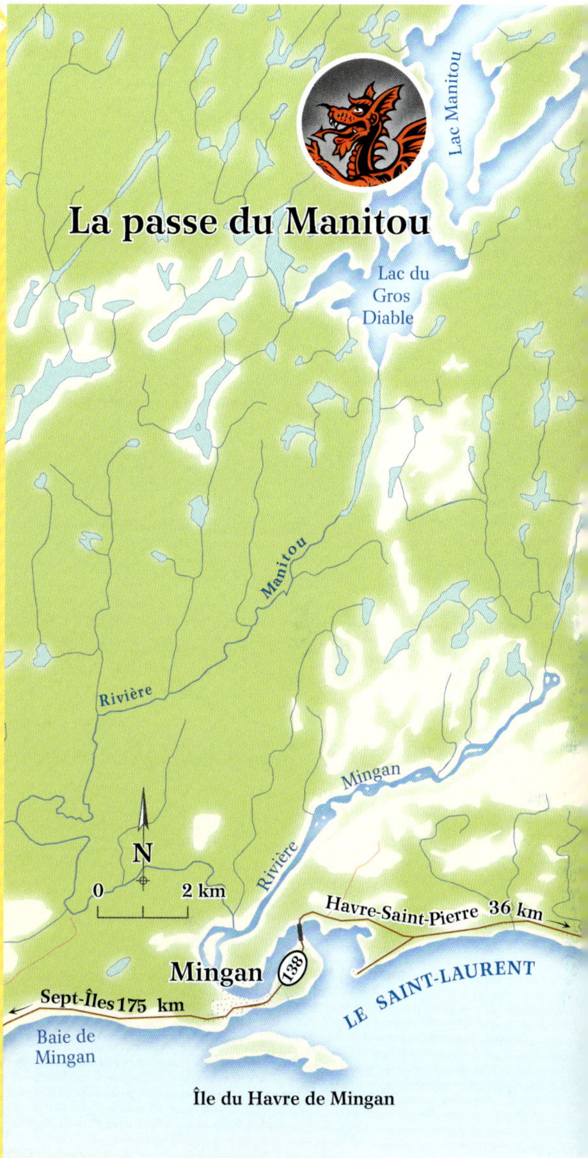

Chamans
et manitous

Le pays a besoin de quelqu'un pour voir à l'équilibre des choses, maintenir la paix entre les habitants et administrer la justice. C'est le mandat des manitous. La plupart sont bons, sages et bien avisés. Comme dans toute société, quelques-uns ont cependant mal tourné et il arrive que ceux-ci s'opposent à ceux-là. C'est alors que la terre tremble et parfois même se déforme sous le choc.

Trois légendes témoignent de ces événements dont le pays porte la marque : **Kanasuta, la montagne des esprits, Le sorcier Nipissingue** et **Le mont Tremblant.**

22

Kanasuta, la montagne des esprits

23

Le sorcier Nipissingue

24

Le mont Tremblant

22

Rouyn-Noranda

Les esprits sont partout, mais on les voit rarement à la surface de la terre. On dit que les bons esprits demeurent quelque part en haut, dans les nuages ou par-delà, et que les mauvais fréquentent les profondeurs. La plupart des religions considèrent que le royaume des cieux accueille ceux qui ont fait une bonne vie tandis que les méchants sont précipités aux enfers, dont les volcans et leurs gueules béantes seraient les portes…

Si, comme les hommes, ces bons et ces mauvais êtres surnaturels se sont de tout temps fait la guerre, peut-on envisager qu'il existe (ou qu'il ait déjà existé) quelque part des champs de bataille pour

Kanasuta,
la montagne des esprits

C'est entre deux crans rocheux que les bon et méchant Manitous se livrèrent bataille.

esprits ? Eh bien oui ! La légende raconte que le mont Kanasuta, dans la lointaine Abitibi, en a été un. Comment l'a-t-on appris ? Grâce à la toponymie : il arrive que les mots étranges qui désignent des rivières, des montagnes et autres lieux révèlent des secrets autrement bien gardés.

Ce n'est que longtemps après avoir entendu les Algonquins évoquer leur montagne *Kanasuta* que l'on découvrit la signification de ce nom à la sonorité mystérieuse. Bien décidé à percer le secret de cette montagne, un père oblat, missionnaire à une lointaine époque dans la région, décida de questionner trois de ses fidèles, des Indiens qui savaient communiquer avec le monde surnaturel. L'un d'eux lui dit : « Kanasuta veut dire *là où il y a du vent.* » Un autre précisa : « Kanasuta, c'est *là où le mauvais Manitou s'énerve.* » Le troisième proposa : « Kanasuta, c'est *là où les esprits dansent.* » Le missionnaire comprit que l'endroit avait quelque chose de sacré, de magique, et que les esprits le fréquentaient.

Quand on sait cela, on peut se demander pourquoi les esprits visitaient cette montagne plutôt qu'une autre. Ça, on l'ignore toujours. Ce que tous les sages Indiens vous diront, par contre, c'est que la rencontre des esprits n'y était pas toujours pacifique. À preuve, ces débris rocheux témoignant de ce qui dut être une fière bataille entre les bon et les mauvais Manitous. On a de bonnes raisons de croire que les bons esprits étaient descendus rencontrer les mauvais, qui eux avaient eu l'idée de sortir de leur tanière pour venir hanter la montagne, jusque-là tranquille. Peut-être voulaient-ils leur donner une leçon ? Une chose est sûre, la bataille fut terrible. Ils se lancèrent « des pierres aussi grosses que des ours et aussi pointues que des pointes de flèches ».

On ne connaît pas les détails de la rencontre, mais il semble que les bons en sortirent vainqueurs, car, depuis, la montagne est aussi calme que sait l'être le lac accroché à ses flancs, endormi dans la brume matinale d'un matin de printemps.

Vous voulez constater les traces de ce fait historique ? Allez voir la *caillasse d'enfer* où sont entassées dans un fouillis indescriptible les roches que se sont lancées les protagonistes du fameux duel. Quand on dit que les esprits sont toujours pacifiques et inoffensifs... !

Ce dut être une furieuse lutte pour que tant de roc s'en trouve déplacé !

GÉOGRAPHIQUEMENT DIT

Quelle est cette figure tordue? Un témoin pétrifié du drame de la caillasse d'enfer?

Ce froid destructeur

Les roches du Bouclier canadien, malgré leur grande dureté, sont assez vulnérables, surtout lorsque plusieurs facteurs se combinent pour les attaquer. Elles sont souvent fissurées par un réseau complexe de diaclases, ces lignes de fracture que l'on trouve dans des masses rocheuses qui n'ont pas été déplacées (contrairement à celles touchées par des failles) et qui permettent à l'eau de s'infiltrer dans la pierre.

Par temps très froid, l'eau qui s'est infiltrée dans les fissures gèle et les dilate. La succession de gels et de dégels finit par débiter les massifs rocheux. Lorsque ce processus, appelé *gélifraction*, agit sur des parois rocheuses exposées aux intempéries, il accumule à leur pied des amas de pierres débitées que les géomorphologues ont appelés *chaos de blocs*. L'expression est bien choisie, car le terme *chaos* évoque aussi des phénomènes qui dépassent les lois naturelles connues; les lieux concernés sont donc susceptibles d'inspirer des légendes. C'est bien le cas de la *caillasse d'enfer*, une accumulation de blocs anguleux détachés de la paroi rocheuse au pied de laquelle ils forment effectivement un véritable *chaos*.

Kanasuta, la montagne des esprits

Comment s'y rendre

En sortant de Rouyn-Noranda vers l'ouest, vous suivez la route 117 sur environ 35 km. Après avoir passé la municipalité d'Arntfield, vous prenez sur la droite la route de la station de ski située au flanc du mont Kanasuta. De là, un sentier circulaire assez bien balisé part de la piste la plus à l'est; il vous amènera, après un kilomètre de marche, à la *caillasse d'Enfer.* Portez de bons souliers de marche.

Et autour

À quelques kilomètres au sud du mont Kanasuta s'élève une autre montagne étrange, non pas par la légende qui s'y rattache, mais par sa forme qui évoque très précisément le célèbre Ayer's Rock australien.

À Rouyn-Noranda, la maison Dumoulin, sur les rives du lac Osisko, rappelle l'époque des pionniers, tandis que l'église orthodoxe russe, rue Taschereau Ouest, évoque l'apport des communautés slaves en Abitibi.

Une cinquantaine de kilomètres à peine séparent Rouyn-Noranda des paysages grandioses du parc national d'Aiguebelle.

Airs de famille

CHEZ NOUS: Le Québec compte quelques mystérieux champs de roches. Vous connaissez peut-être l'origine du champ de guérets de Rigaud? Il semble bien qu'à cet endroit le bon Dieu ait été responsable de l'étrange amas. On compte aussi, dans la région Côte-du-Sud, un mystérieux champ baptisé *Pain-de-sucre* qui rappelle, par traduction interposée, une légende similaire au *Champ des Guérets*, comme on l'explique à la rubrique *Airs de famille* de cette légende.

AILLEURS: À Barbey-Seroux, en Lorraine, plus précisément dans les Vosges, un impressionnant champ de roches constitue une énigme que les géologues, géographes, géomorphologues et autres «logues» ont peine à expliquer. Pour résoudre ce mystère, on songe sérieusement à consulter des légendologues…

23

Rawdon

On dit qu'il y a une vie après la mort. Certains croient que la porte de l'au-delà ouvre sur deux autres, la première menant au ciel si la vie du défunt a été bonne, la seconde à l'enfer, si elle a été mauvaise. D'autres sont persuadés que les âmes des défunts vont se loger dans des corps étrangers sans pourtant s'en rendre compte. Se basant sur le principe que «rien ne se perd, rien ne se crée», d'autres encore estiment que chaque âme, en quittant le corps qui l'a accueillie, devient une parcelle d'énergie. Pour leur part, les sceptiques disent que les âmes ne vont nulle part. Mais comment faire pour *aller nulle part*? C'est où, *nulle part*? Tout compte fait, personne n'a la preuve de rien, sauf…

Sauf qu'on sait qu'après leur mort certaines personnes, bonnes comme mauvaises, trouvent refuge dans la pierre ou les arbres. Les exemples abondent: le rocher de Grand-Mère, le Gisant de Grande-Vallée, la Tête d'Indien de Saint-Georges-de-Malbaie, la Noyée de Charlevoix. Pensez aussi au Pin solitaire ou à la Forêt enchantée. On n'a pas fini d'inventorier tous les personnages de roc ou de bois qui ponctuent le territoire. Dommage, car s'ils pouvaient parler, ils auraient bien des choses à raconter.

Le sorcier Nipissingue

Ainsi, on aimerait bien savoir ce qui poussa le sorcier Nipissingue à précipiter la belle Hiawita dans les eaux de la rivière Ouareau. On a beau l'interroger, il ne répondra pas; figé dans le roc, silencieux comme dans l'au-delà, il garde imperturbablement son secret. Et Hiawita ne le dira pas non plus, à moins que quelque chaman puisse interpréter son chant qu'on peut entendre à travers le grondement de la chute, en prêtant bien l'oreille. Mais que s'est-il passé pour que le sorcier soit changé en rocher et la belle Indienne, en oiseau invisible, par décision du Grand Manitou? Car, les sages l'ont dit, c'est bien lui qui est responsable de cette double métamorphose. Comment? Voici l'histoire qu'ils nous ont racontée.

Si Hiawita faisait tourner les têtes et les cœurs, c'était bien malgré elle. Elle en était même plutôt malheureuse, car elle en concluait que tous les hommes n'en avaient que pour son corps. Pourtant, elle était d'une grande pureté d'âme. Tellement, qu'ayant repoussé toutes les avances qu'on lui avait faites, elle décida de toujours dire qu'elle s'était donnée à quelqu'un dont elle ne doutait pas de la sincérité et que ce *quelqu'un,* c'était Dieu lui-même. Mais attention à ce détail important: elle se référait au dieu des Blancs.

Le sorcier Nipissingue a choisi une chute à la hauteur de sa fureur pour y précipiter la belle Hiawita.

Lorsque le sorcier Nipissingue fit, lui aussi, des avances insistantes à Hiawita, elle crut préférable de lui dire qu'elle était déjà

promise, non pas au dieu des Blancs en qui Nipissingue n'avait aucune confiance, mais bien à un jeune homme de belle et fière allure, Arondak. Celui-ci faisait partie d'un clan en mauvais termes avec le sorcier, qui prit ombrage de cette situation. La vengeance, ce cancer qui ronge le cœur des mauvaises gens, s'installa dans la tête de Nipissingue, qui se mit dès lors à attendre l'occasion de passer aux actes.

La chute Dorwin, une des nombreuses cataractes qui soulignent la rencontre du Bouclier canadien et des basses-terres du Saint-Laurent.

L'occasion se présenta. Un jour, la belle Hiawita était allée cueillir, aux abords de la rivière Ouareau qui n'était à l'époque qu'un bien modeste ruisseau coulant au fond d'une vallée profonde, un peu de cette plante qu'on appelle *ail des ours*. Elle voulait en faire une décoction dont les vertus médicinales permettraient à son bel Arondak de conserver sa vigueur naturelle. Pour le grand malheur de Hiawita, Nipissingue l'y attendait. Devant cette beauté inaccessible, la rage lui monta à la tête, il se rua sur elle et la précipita au fond du gouffre.

À ce moment précis, la terre trembla et la vallée se remplit de tonnes d'eau. Le sorcier disparut dans le bouillonnement de la rivière. Il n'alla pas loin car, aussitôt, le Grand Manitou plaqua son visage sur la muraille pour qu'il puisse, jusqu'à la fin des temps, entendre le doux chant de Hiawita. Subtil châtiment ! Il faut ajouter que le Manitou avait distillé le corps et l'âme de la belle Indienne qui, depuis ce temps, tourbillonnent dans la vapeur d'eau sous la chute. Et cela, pour l'éternité.

Installez-vous au bord des chutes Dorwin ; peut-être entendrez-vous la douce mélodie d'Hiawita, la belle et inaccessible Indienne de la rivière Ouareau.

Un trio classique : chutes, diable et légende

Au Québec, les chutes sont innombrables. On en retrouve dans presque tous les coins de pays, mais surtout le long de la zone de contact entre le Bouclier canadien et les basses-terres du Saint-Laurent. Rien d'étonnant puisque cette zone constitue le passage, par endroits très brusque, entre une région montagneuse et une plaine très légèrement ondulée. Les cours d'eau qui affluent vers le Saint-Laurent doivent donc tous franchir une rupture de pente, plus ou moins importante. De ce fait, depuis l'Outaouais jusqu'au cap Tourmente, un long chapelet de chutes orne le rebord nord de la plaine du Saint-Laurent.

Dans certaines zones, le roc a subi des fractures, que les rivières ont empruntées en creusant des canyons profonds aux contours anguleux. Le résultat en est des chutes imposantes auxquelles la vapeur d'eau qui s'en dégage donne un caractère spectaculaire susceptible d'attiser l'imagination. Pas surprenant que ces lieux aient inspiré des légendes qui font souvent intervenir le Diable. La toponymie en fait foi : les *chutes du Diable* et les *Portes de l'Enfer* sont nombreuses au Québec. Les chutes Dorwin offrent en prime un profil inquiétant que l'on devine à travers le nuage de vapeur s'élevant de la cataracte.

Comment s'y rendre

Rawdon se trouve à une soixantaine de kilomètres au nord de Montréal. À quelques kilomètres au sud-est, sur la route 337, de bonnes indications vous permettront d'accéder au parc des Chutes-Dorwin, très bien aménagé.

Et autour

Si vous vous rendez à Rawdon par la route 337, passez par Saint-Lin visiter la maison natale de Sir Wilfrid Laurier. De son côté, Rawdon affiche joliment son caractère multiethnique, entre autres par une très belle église orthodoxe russe et le seul centre d'interprétation multiethnique au Québec.

Airs de famille

CHEZ NOUS: La Dame blanche aussi est allée rejoindre son fiancé au fond des eaux. Mais c'était sa décision à elle, pas celle d'un méchant sorcier.

AILLEURS: Près du lac Guatavita, en Colombie, un cacique perdit l'amour de la plus belle des femmes de son harem. Son rival fut jeté au fond du lac et la belle alla le rejoindre. Le cacique eut beau jeter émeraudes et pépites d'or pour les convaincre de revenir, rien n'y fit. Un émissaire, de retour d'une mission au fond du lac, apprit à l'amant que le couple était très heureux dans son palais sous-marin. Le cacique en mourut, mais on ne sait si ce fut de rage ou de tristesse.

24
Mont-Tremblant

Se peut-il qu'une montagne se mette à trembler si fort et si fréquemment que les habitants des alentours l'appellent « le mont Tremblant » ? Normalement non, du moins au Québec : les tremblements de terre, chez nous, sont assez rares, et surtout, peu importants. Mais tout de même, comme on dit, il n'y a pas de fumée sans feu…

Pour en avoir le cœur net, nous nous sommes rendus au parc national du Mont-Tremblant ; nous y avons parcouru des sentiers, campé à l'ombre de hauts reliefs, écouté le silence de la forêt. Outre les chants des huards et de lointaines plaintes qu'avec un peu d'imagination on pouvait attribuer à des hordes de loups,

Le mont
Tremblant

Striée par des pentes de ski pour le bénéfice des sportifs, la montagne tremblante annonce sa vocation.

tout était calme. Le mont ne tremblait pas. Pourquoi donc effrayer les gens avec un tel nom ? C'est au hasard d'une rencontre avec un vieil Algonquin que nous avons eu la confirmation que les noms de lieux ne sont jamais insignifiants.

Dans la taïga québécoise, cette immense forêt qui recouvre la plus grande partie du pays, il n'y a pas que des arbres ; de loin en loin, de petites prairies se lovent à l'abri des montagnes qui leur servent d'écrans. Ces oasis, où poussaient autrefois le maïs, les courges et quelques autres dons de la nature, permettaient aux Indiens de tirer de la terre nourricière de quoi accompagner les viandes que les chasseurs rapportaient de la forêt et les fruits qu'ils savaient où aller chercher. Leur alimentation était équilibrée et leur condition physique, à l'avenant.

Dans toutes les sociétés, il y a toujours des vautours qui cherchent à s'accaparer ce qui normalement devrait appartenir à tous. Effectivement, dans cette belle région des Laurentides, il y eut des vautours. D'où venaient-ils ? On l'ignore. Certains ont parlé de Mohawks, mais rien n'est prouvé. Ce que l'on sait, c'est que des commandos venus d'ailleurs se mirent à piller les récoltes de ces lieux privilégiés. Un détail important: ils n'avaient pas pris la précaution de s'assurer de la protection du Grand Manitou, qui ne tarda pas à réagir devant cet acte de lèse-justice distributive.

Dès que leurs sacs de peaux furent remplis des fruits et légumes volés à la collectivité, la montagne se mit à trembler, tant et si bien qu'ils en échappèrent leurs sacs et s'enfuirent dans une confusion telle que rien ne leur resta de ce qu'ils s'étaient injustement approprié. Le Grand Manitou, qui s'était glissé sous la montagne pour surveiller les intrus, avait manifesté sa justice immanente et puni les voleurs.

On raconte que la montagne n'a tremblé que cette fois-là. Mais assez fort pour que tout le monde s'en souvienne. Y a-t-il meilleure manière de graver un souvenir dans la tradition que d'en faire un toponyme? Un toponyme comme un avertissement. Les Indiens l'appellent *Manto-Ewitchi-Saga*, c'est-à-dire «la montagne du redoutable Manitou» ou encore *Manitonga Soutana* qui se traduit par «la montagne du Diable ou des esprits».

La montagne tremblante dans sa pureté naturelle… ou presque.

GÉOGRAPHIQUEMENT DIT

Ce mont porte-t-il bien son nom ?

Mont Tremblant ou *montagne Tremblante*, voilà des noms qui, au-delà de la légende, donnent à penser que la région est soumise à une activité sismique importante. C'est à voir. Au Québec, la grande majorité des tremblements de terre ont leur épicentre dans la région de Charlevoix. Des sismologues ont établi que la vallée du Saint-Laurent constituait un grand fossé tectonique dont les embranchements secondaires étaient les vallées de l'Outaouais et du Saguenay. Or c'est le long de ces fossés que l'activité sismique peut être la plus importante. Il semble que l'impact de la météorite qui a percuté Charlevoix il y a 350 millions d'années en soit le principal responsable. On est donc bien loin du mont Tremblant.

Cela dit, le Bouclier canadien, fait de roches très anciennes et résistantes, comporte des failles le long desquelles des séismes peuvent se produire. Il peut donc y avoir eu jadis un tremblement de terre important qui, justement à cause de sa rareté, aurait impressionné les Autochtones de la région. Assez pour donner naissance à une légende…

Comment s'y rendre

Avec toute la publicité déployée autour de ce centre de ski, inutile de vous dire comment vous y rendre. Une fois rendu dans ce luxueux décor artificiel, un téléphérique vous emmène au sommet. De là, vous pouvez admirer l'inévitable empreinte de la technologie des centres de ski. Vous pourrez peut-être aussi prendre de belles photos des paysages entre deux remonte-pentes. Bonne chance !

Et autour

Le parc récréatif du Mont-Tremblant est le plus vaste des parcs du réseau national géré par la SEPAQ. Une gamme complète de points d'intérêt et d'activités vous y attend : lacs, rivières, chutes, belvédères, sentiers, chalets, pêche, séances d'information et d'animation… un monde à découvrir en motorisé, à vélo, à pied, en canot, en skis ou en raquettes.

Airs de famille

CHEZ NOUS : Que la montagne ait tremblé par résonance à un véritable séisme ou par le jeu de puissances surnaturelles, on peut comparer le mont Tremblant au mont Kanasuta où, là aussi, des forces occultes se seraient manifestées. Chose certaine, du point de vue sismologique, le nom « mont Tremblant » conviendrait mieux au mont des Éboulements qui, au cœur de l'astroblème de Charlevoix, *tremble* davantage.

AILLEURS : Les montagnes tremblantes sont légion en Amérique centrale, terre de volcans. Mais ils n'en portent pas le nom. Par ailleurs, le mont Logwek, la montagne tremblante des Arabes, qui en a le nom, serait aussi, selon Jules Verne, d'origine volcanique. Certains disent qu'il avait tort.

Et des monstres…

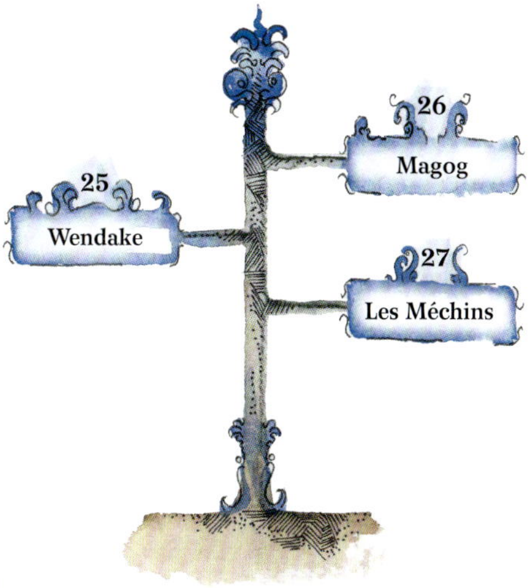

Depuis qu'on a retrouvé les vestiges des grands animaux qui ont peuplé les continents, mammouths, dinosaures, ptérodactyles et autres méga-bêtes titillent notre imagination, d'autant plus qu'on les sait définitivement disparus… Mais qu'en est-il des monstres marins ? Le mystère demeure, car l'homme ne visite pas souvent le fond des mers et des lacs.

De troublants témoignages nous amènent à douter de la disparition de ces grands animaux qui auraient bien pu échapper à l'observation des scientifiques. Au moins trois légendes en ont conservé le souvenir : **Kabir Kouba, le grand serpent, Memphré, un monstre discret** et **Les Méchins.**

25

Kabir Kouba, le grand serpent

26

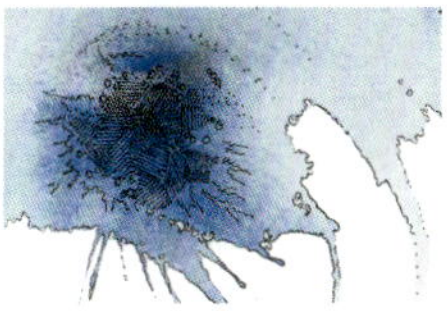

Memphré, un monstre discret

27

Les Méchins

25
Wendake

Kabir Kouba,
le grand serpent

Un sage Huron, dont le nom sonnait un peu comme Haouroukaé, s'endormit il y a longtemps au bord de la rivière que les Blancs ont, plus tard, appelée *Saint-Charles*. Ce que le bon Huron vit ce jour-là en songe, on ne l'a jamais su, mais on vint à penser au fil des témoignages qu'il pût y avoir un rapport entre son rêve et l'histoire du grand serpent que Philippe Aubert de Gaspé recueillit, des années après l'incident, auprès d'un autre Huron, qui, lui, la tenait d'un autre encore, manifestement bien informé par quelque esprit protecteur de la nation wendat.

Pour connaître l'histoire de cette rivière, il suffit, dit-on chez les Hurons, d'aller s'asseoir avec un sage de Wendake à l'endroit précis où Haouroukaé eut son rêve et de l'interroger…

Ainsi, un Blanc, curieux d'en apprendre sur cette histoire, alla s'installer au bord de la rivière avec un sage de la tribu. Mais au moment où les deux hommes commençaient leurs palabres, la terre se mit à trembler en émettant un bruit sourd et profond. Après quelques minutes de ce tintamarre, nos compères virent sortir des eaux de la rivière Akiawenrak (c'était là son vrai nom) la tête d'un énorme serpent, surmontée d'une longue crinière semblable à la hure des Hurons. À mesure que la bête émergeait de l'eau, il s'en dégageait une étrange lumière, comme si ses écailles argentées reflétaient les rayons d'un soleil pourtant absent.

C'est de là-bas, en amont, qu'est venu Kabir Kouba, le grand serpent.

Au moment précis où les observateurs se demandaient d'où pouvait venir l'étrange animal, le serpent se retourna et pointa sa tête vers le nord. Croyant que la bête avait lu dans leurs pensées, ils comprirent à ce geste que le serpent leur répondait qu'il venait de plus haut, vers le nord, de l'endroit où la rivière s'enroulait sur elle-même, retardant ainsi sa chute au bas de son balcon naturel. Comme ils savaient qu'en amont de Wendake la rivière traçait de nombreux méandres, ils en conclurent que, désormais, les gestes du serpent tiendraient lieu de parole et leur annonceraient la vérité.

Ils voulurent en apprendre davantage du grand serpent, car bien des questions hantaient leur esprit. C'était au temps où les relations entre Blancs et Indiens n'étaient pas au beau fixe. Pourtant, tout le monde sentait qu'ils n'avaient pas le choix de partager le pays, ses richesses, ses paysages, leur mystère, bref, le *génie des lieux*. Nos deux compères discutaient de la situation et se demandaient comment finirait l'éternelle et inutile opposition entre les deux communautés.

Le grand serpent avait, une fois de plus, lu dans leurs pensées. En guise de réponse, il se mit à s'agiter et à fouetter de sa longue queue les flancs de la vallée jusqu'à en arracher les arbres. Le manège fit à nouveau trembler la terre qui se fractura en divers endroits, si bien que le bas de la rivière se décrocha du haut et que naquit, à cet endroit précis, la chute que l'on appela naturellement le grand serpent, Kabir Kouba. Par ses gestes, le messager du grand esprit venait de prédire une véritable catastrophe si Blancs et Autochtones ne faisaient pas la paix. Les deux témoins de la scène, que la peur avait rendus muets, se regardèrent avec l'air d'avoir compris la leçon.

C'est du moins ainsi que la bête interpréta leur échange de regards. Pour manifester sa satisfaction, elle se mit à s'enrouler lentement sur elle-même et, tout doucement, s'enfonça dans les eaux de la rivière, au pied de ce qui est devenu le symbole de l'entente souhaitée entre les deux peuples. Le grand serpent est retourné au royaume des esprits et surveille consciencieusement comment ceux-ci maintiendront la paix trop longtemps troublée.

Le lit à plusieurs étages de la rivière fut-il le siège de beaux rêves ou de menaçants cauchemars ?

L'accouchement d'une chute est rarement sans douleur

... pour les roches qui l'entourent. Toute chute d'eau témoigne d'une rupture. Rupture dans l'espace, puisque le cours d'eau perd subitement de l'altitude. Comme pour un avion plongeant dans une poche d'air, le choc se fait au bas. La force de l'eau y creusera une cuvette d'autant plus profonde que la chute est haute. Le tracé de la rivière connaît aussi une rupture : en amont, mais surtout en aval, là où le terrain est moins accidenté, le cours d'eau se paie un peu de paresse et forme des méandres qui adoucissent son profil.

Une chute peut aussi témoigner d'une rupture dans le temps. Bien que l'action érosive des rivières du Bouclier canadien soit très lente à cause de la dureté et de la résistance des roches précambriennes, des événements géologiques soudains et brutaux peuvent changer la physionomie des lieux. Il se peut que l'activité sismique, qui n'est pas négligeable au contact du Bouclier avec la plaine du Saint-Laurent, ait affecté le site de la chute Kabir Kouba.

Le grondement d'une chute associé au souvenir d'un tremblement de terre, voilà des ingrédients propices à la naissance d'une légende. Kabir Kouba n'est pas une exception : le Québec compte une trentaine de *Portes de l'Enfer* et dix *chutes du Diable*. Dans pratiquement tous les cas, l'impétuosité des eaux et la légende sont intimement liées.

Kabir Kouba, le grand serpent

Comment s'y rendre

La chute Kabir Kouba est à la limite de Wendake et de Loretteville, à une dizaine de kilomètres au nord-ouest de la ville de Québec. Les voyageurs en provenance de la rive sud du Saint-Laurent n'ont qu'à poursuivre sur l'autoroute qui prolonge le pont Pierre-Laporte. L'autoroute se termine à 4 km à l'ouest de Wendake. Dans le village, un sentier est aménagé le long de la chute.

Et autour

Là-bas, vous aurez peut-être la chance d'assister à la danse du serpent Kabir Kouba, interprétée par le groupe Sandokwa. Pour cela, il faut visiter le site traditionnel huron Onhoüa Chetek8e. Surtout, ne manquez pas de visiter l'hôtel-musée de Wendake : une œuvre d'art.

Airs de famille

CHEZ NOUS : Les nombreux témoins qui disent avoir aperçu des monstres dans les lacs Memphrémagog, Pohénégamook et Waswanipi n'ont malheureusement pas pu les décrire avec précision. Mais à Saint-Roch-de-Mékinac, c'est bien un immense serpent qu'on a vu sortir du Saint-Maurice. Jean-Claude Dupont nous le raconte dans l'une de ses délicieuses légendes.

AILLEURS : Si l'on en juge par les dessins qui ornent les cartes anciennes, les serpents de mer abondent dans tous les océans. On ne les a jamais vus, mais cela ne veut pas dire qu'on ne les verra jamais. Récemment, on a trouvé, dans la mer des Sargasses, des larves d'anguilles dont la longueur (30 cm) laisse supposer qu'à l'âge adulte elles atteindraient trente mètres. Attendons voir.

26

Magog

On raconte qu'autrefois les Indiens de la région disaient ne pas se baigner dans le lac Memphrémagog parce qu'un immense serpent de mer y habitait. Existe-t-il, cet animal fabuleux que certaines personnes disent avoir aperçu à la surface du lac Memphrémagog ? Est-ce un serpent de mer, un énorme alligator ou un cheval marin ? Puisque les trois hypothèses ont été évoquées par des témoins visuels, pourrait-il y avoir trois monstres dans le lac ?

On a souvent fait les gorges chaudes de ce phénomène qui, pourtant, mérite la plus grande attention. S'il fallait qu'un jour Memphré sorte de son repaire et se mette à poursuivre les sceptiques pour les punir de leur incrédulité, on comprendrait qu'il aurait mieux valu utiliser les indices recueillis pour vérifier les bases réelles et concrètes de ladite légende du monstre Memphré. Pour y voir clair, on a constitué une équipe de recherche réunissant des sommités de la « draconologie » et de la cryptozoologie.

Memphré,
un monstre discret

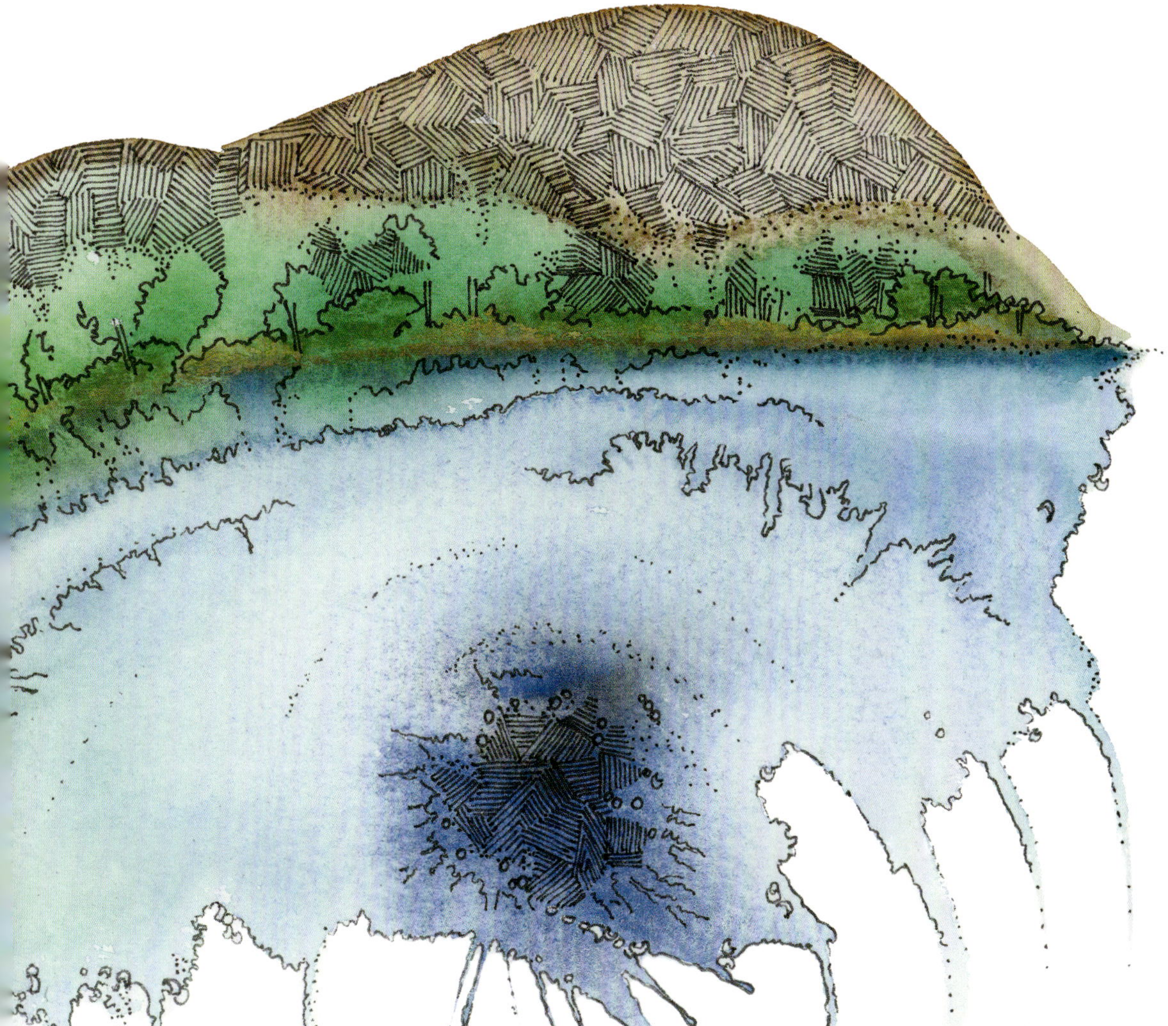

Le résultat de son travail devrait faire réfléchir plutôt qu'inspirer crainte et suspicion. En effet, certains éléments convaincants ont pu être consignés grâce aux impressionnants témoignages qu'a consciencieusement enregistrés la Société internationale de draconologie du lac Memphrémagog,

Voici quelques éléments susceptibles d'ébranler les sceptiques :

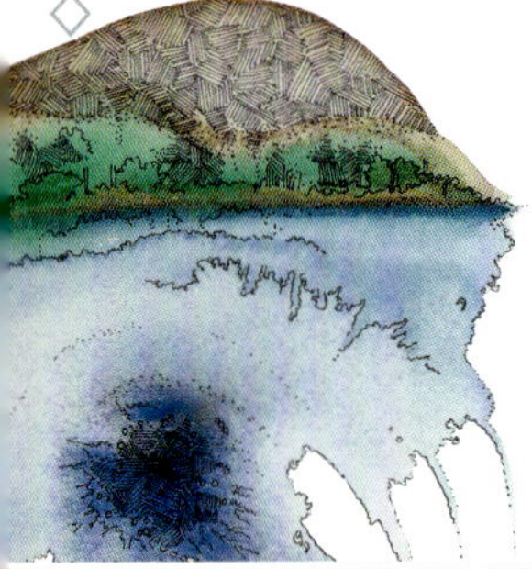

1. Il est évident que le lac Memphémagog est sans fond ;
2. De ce fait, son eau est de plus en plus chaude vers les profondeurs ;
3. Les parois de la cuvette qu'occupe le lac sont percées de cavernes latérales ;
4. L'inquiétante pauvreté du lac en poissons pose une question fondamentale ;
5. Les bêtes habitant le lac, s'il en est, sont forcément habituées à une obscurité opaque.

Ces constatations, qu'aucun scientifique ne pourrait mettre en doute, car il n'existe pas de preuve établissant le contraire, nous amènent à conclure que LE MONSTRE EST LÀ !

Ce frémissement à la surface du lac Memphrémagog serait-il le signe d'une présence insolite ?

Nous aussi avons notre Loch Ness.

En effet, reprenons ces éléments et tirons-en les conclusions qui s'imposent :

1. Si le lac est sans fond, il est évident que les explorateurs curieux n'ont pas pu vérifier si le monstre y était ou non.
2. Habitué aux eaux chaudes, le monstre hésite à faire surface. Il n'est pas étonnant qu'on le voie si rarement.
3. Personne n'ayant jamais exploré les cavernes lacustres, sans doute par crainte de s'y trouver emprisonné, l'absence de monstre n'est pas prouvée.
4. La faible population de poissons peut s'expliquer par la présence d'un grand prédateur dans le lac.
5. La lumière effraie les animaux nocturnes, à plus forte raison ceux qui vivent dans les profondeurs. Rien de surprenant dans le fait que les rares témoignages d'une apparition du monstre aient été enregistrés par faible luminosité.

N'est-ce pas assez pour vous convaincre que le monstre Memphré n'est pas une création de l'imagination ? Répétons-le : on appelle ça une légende, mais soyez-en sûr, c'est une réalité. Dans le lac Memphrémagog, LE MONSTRE EST LÀ !

GÉOGRAPHIQUEMENT DIT

Au bord du lac, les demeures des heureux villégiateurs sont de bons points d'observation pour les éventuelles sorties de Memphré.

Au-delà de l'imagination

Les difficultés techniques liées à l'analyse scientifique des profondeurs marines ou lacustres ont laissé une large place à l'imagination populaire pour expliquer les phénomènes visuels qui se manifestent à la surface des plans d'eau. Le caractère essentiellement mouvant de ceux-ci, allié au pouvoir de réflexion et de réfraction de l'eau, est susceptible de créer des images qui déforment les contours, la dimension, la couleur, voire le mouvement de divers éléments du paysage environnant.

Les vagues, les courants, les formes végétales et minérales des abords des lacs, le mouvement des nuages sont autant d'éléments dont l'image, déformée par les processus mentionnés, peut évoquer quelque forme étrange en mouvement. Le caractère essentiellement éphémère de ces manifestations contribue à proposer des explications plus simples que l'évocation conjuguée de phénomènes bien connus lorsqu'ils sont envisagés isolément. La première explication qui vient alors à l'esprit est la présence d'un animal mystérieux.

Si les explications sérieuses qu'apportent les sciences exactes diffèrent de celles des draconologistes, il n'en reste pas moins que ces dernières ont l'avantage d'alimenter les recherches anthropologiques sur la mythologie des sociétés qui, heureusement, puisent encore une certaine inspiration dans les phénomènes inexpliqués.

Memphré, un monstre discret

Comment s'y rendre

Choisir un lieu tranquille pour attendre patiemment l'apparition de Memphré n'est pas chose simple, car le lac Memphrémagog est cerné de grandes et riches propriétés privées, peu accessibles au commun des mortels. Vous pouvez toujours, à partir de Magog, de Montréal ou de Québec, emprunter l'autoroute 10 et aller naviguer sur le lac, mais les bateaux de plaisance vous feront concurrence.

Et autour

Si la possible présence du monstre a dérangé votre quiétude, rien de mieux que d'aller vous recueillir au monastère de Saint-Benoît-du-Lac, à 20 kilomètres au sud-ouest de Magog. À l'extérieur, le paysage dégage une sérénité qui se retrouve aussi à l'intérieur, grâce à l'exceptionnelle qualité des chants dont les moines inondent les lieux.

Airs de famille

CHEZ NOUS : Plusieurs lacs du Québec sont habités par des monstres. La preuve qu'ils existent, c'est qu'ils ont des noms : Ponik, dans le lac Pohénégamook, Franck, dans le lac Saint-François, Wipi, dans le lac Massawipi, Champie, dans le lac Champlain… C'est à se demander si un tunnel secret ne relie pas ces lacs.

AILLEURS : Dans le Loch Ness, un majestueux lac de la sévère Écosse, vit le monstre Nessie, de son vrai nom *Nessitera rhombopteryx*. Du moins c'est ce que pensent les draconologistes et quelques autres personnes pour qui les légendes font la beauté de la vie. Un musée consacré à Nessie confortera ou ébranlera vos convictions. C'est selon.

27

Les Méchins

Les gens des Méchins ne croient pas aux légendes, du moins pas à celle qui fait de leur village un lieu *méchant.* On les comprend : l'endroit est sympathique et particulièrement photogénique. À preuve, quatre productions cinématographiques y ont été réalisées. En outre, les Méchinois sont d'une grande amabilité et ont développé une hospitalité sans pareille, visant ainsi à effacer ou à prévenir toute impression négative que le nom de leur patelin pourrait produire chez les étrangers. Vous verrez, les « méchants », ce ne sont pas les Méchinois.

Cela dit, une légende y est toujours bien vivante, tenace comme les grands arbres accrochés aux flancs de la montagne dont on dit qu'elle est le domaine d'un mauvais génie connu sous le nom d'« Outikou ». Après le départ de la tribu indienne qui occupait l'endroit, il s'y serait installé pour signifier aux Blancs qu'ils n'étaient pas les bienvenus.

Les Méchins

Comment un si paisible village peut-il avoir un nom qui évoque la méchanceté ?

Dans le village, il suffisait de prononcer son nom pour faire peur aux enfants et mettre les adultes sur leurs gardes : les grands arbres de la montagne n'étaient pas étrangers à la crainte que suscitait ce génie encore plus énorme que les sapins qui l'entouraient. C'était un géant si grand et si fort que quiconque se risquait à pénétrer dans la forêt, son repaire, était assuré de le voir apparaître et menacer l'intrus d'un bâton aussi gros que le tronc d'un arbre de cinquante pieds. Ainsi allait son manège. Dès qu'il entendait des branches craquer sous les pas de quelque chasseur imprudent, Outikou, pris de rage, déracinait un grand arbre, l'ébranchait en quelques minutes et lui retirait son écorce, puis partait à la poursuite de l'intrus en brandissant son arme.

N'ayant pas réussi à attraper aucun des hommes du village qui avaient osé s'approcher de son repaire, il décida un jour d'en sortir, de descendre de la montagne et d'aller effrayer les villageois pour les convaincre de ne plus venir le déranger dans ses terres. Dès lors, la communauté connut des moments pénibles. Au moment où celle-ci s'y attendait le moins, il apparaissait, sautant par-dessus des maisons et menaçant ces bonnes gens de son immense bâton. Il se postait parfois devant une maison en fixant la porte de son seul œil (car on dit que c'était un cyclope) dans le but évident d'empêcher les habitants d'en sortir et de répandre la panique dans tout le village. Jusqu'au jour où Outikou eut une idée saugrenue. Ce fut sa dernière.

Un beau dimanche, pendant la grand-messe, il alla se poster devant l'église. Après l'*Ite missa est,* les paroissiens purent entendre le méchant Manitou grogner fébrilement derrière les portes. Figés de peur, ils n'osaient pas sortir. Heureusement, le curé, armé de son courage et d'un grand crucifix, eut l'idée d'ouvrir subitement les portes et de tracer dans l'air un grand signe de croix. Le résultat fut immédiat : Outikou disparut à jamais, et le village retrouva la paisible atmosphère dont il avait été privé pendant longtemps.

Pourquoi, direz-vous, parle-t-on des *Méchins* plutôt que du *Méchant* ? La légende apporte ses explications. On dit que, dans la montagne, Outikou avait une famille et que plusieurs petits Outikou n'attendaient que d'être adultes pour aller, eux aussi, effrayer les villageois. Mais, on s'en doute bien, quand Outikou fut effrayé par le crucifix du curé, il s'empressa d'aller chercher sa famille et de prendre la fuite aussitôt, sautant en groupe par-dessus vallées et montagnes. On ignore où il a pu s'installer. Si jamais vous le rencontrez, n'hésitez pas à en avertir Les Éditions de l'Homme, rue Amherst, à Montréal.

Il arrive que des oiseaux de mauvais augure apportent le message menaçant d'un voisin dangereux.

Du nom vers la légende ou l'inverse ?

La légende et la toponymie font bon ménage ; elles s'inspirent mutuellement. Parfois le nom engendre une légende, parfois c'est l'inverse. Et il arrive qu'on ne sache pas lequel a inspiré l'autre. Ce peut être le cas des Méchins. En effet, le mot micmac *matchi* a à peu près le même sens que le mot français *méchant*, ce qui soutient l'explication répandue de l'origine de ce toponyme, évoquant un personnage mythologique malfaisant qui a déjà rôdé autour du village et de sa montagne.

À vrai dire, l'origine du nom *Les Méchins* peut bien être différente : comme des centaines de noms géographiques au Québec, il n'est pas impossible que ce toponyme nous soit venu de France. Il existe en effet un lieu-dit dénommé *Les Méchins* en Auvergne, et l'on se doute bien que ce nom n'a rien à voir avec une légende amérindienne. Par ailleurs, le patronyme *Méchin* se retrouve dans plusieurs départements du centre de la France. Il faut ajouter qu'en ancien français *meschin* signifiait « jeune », « jeune homme », et on l'utilisait souvent comme surnom. Se pourrait-il que Dalibaire et Romieu, deux anciens fonctionnaires sous le Régime français dont les noms avaient d'abord servi à identifier le village, se soient attiré le surnom de méchins, et que ce surnom, passé au village, soit finalement devenu définitif ? Ce fil d'Ariane par lequel nous tentons de trouver une origine française à ce toponyme insolite est un peu mince, il faut en convenir.

Tout compte fait, il semble bien que le nom du village et de la montagne dont s'est emparée la légende a quelque chose à voir avec la méchanceté. On a d'ailleurs évoqué la possibilité que le toponyme soit attribuable à la présence, près du rivage, de « rochers sinistres » constituant un « méchant danger » pour les marins.

Pour *Les Méchins* comme pour tant d'autres noms de lieux, la toponymie gardera sans doute encore longtemps son secret.

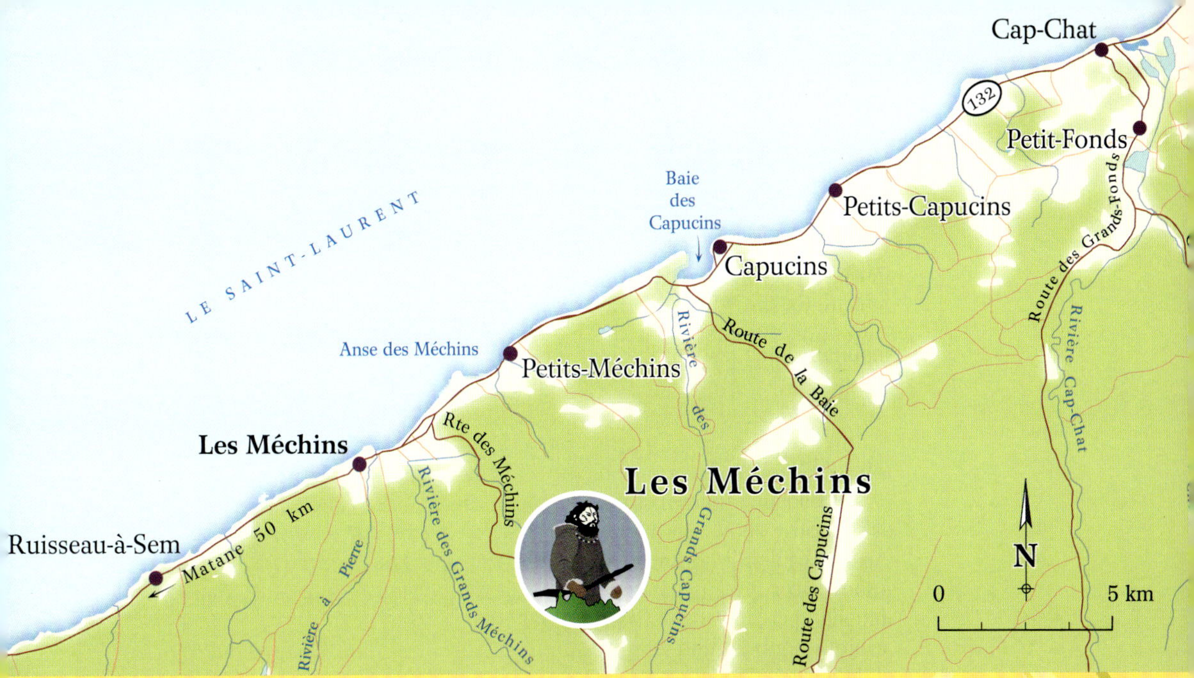

Comment s'y rendre

À 700 km de Montréal, la route 132 vous amène directement aux Méchins. Vous aurez alors traversé quatre lieux de légende et, si vous poursuivez votre *tour de la Gaspésie*, cinq autres vous attendent.

Et autour

Le cap Chat et Saint-Octave-de-l'Avenir (leurs légendes) vous attendent un peu plus loin vers l'est.

Airs de famille

CHEZ NOUS : Vous voulez vous dresser un itinéraire des lieux associés à des monstres et autres personnages maléfiques sur le territoire québécois ?

Consultez le *Répertoire toponymique du Québec*. Vous y noterez le *lac du Vampire*, le *lac des Monstres*, le *lac Carabosse*, l'*île du Fantôme*, *Matchi-Manitou*… Vous verrez aussi que le *Diable* a servi à désigner à peu près tous les types d'accidents géographiques : baie, cap, chenal, chute, crique, fontaine, île, lac, mare, montagne, pointe, pont, rapides, rivière, ruisseau. À vrai dire, sur les cartes comme dans le pays réel, le Diable est partout.

AILLEURS : En France, il est assez fréquent que les toponymes annoncent la mauvaise qualité des lieux. Notez par exemple ceux qui annoncent leurs couleurs dès leurs trois premières lettres : *Malterre, Malherbe, Malmont, Maleval, Malville, Malmaison, Mauchamp, Maupertuis, Maupas…*

Plus grands que nature

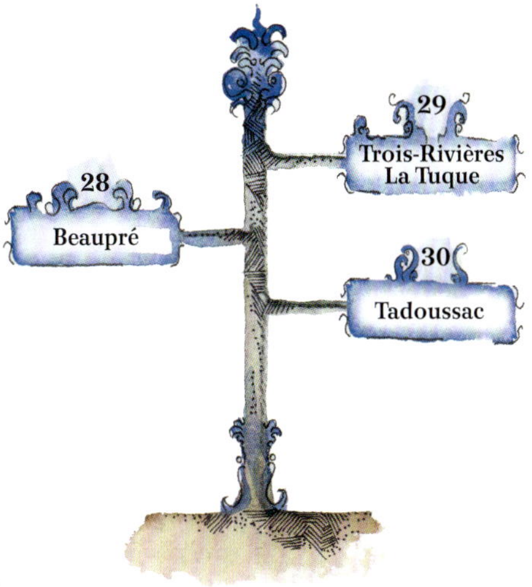

Bien que Pantagruel soit sans doute sorti de la tête de Rabelais, on est en droit de croire que d'autres géants ont pu réellement exister. Et si certains de ces êtres superlatifs avaient éliminé les dinosaures ?

Quoi qu'il en soit, plusieurs géants ont laissé leur marque dans le paysage québécois. Trois légendes évoquent des lieux où ils ont manifesté leur force herculéenne : **La marmite du Géant, La naissance du Saint-Maurice** et **Le cap Trinité.**

La marmite du Géant

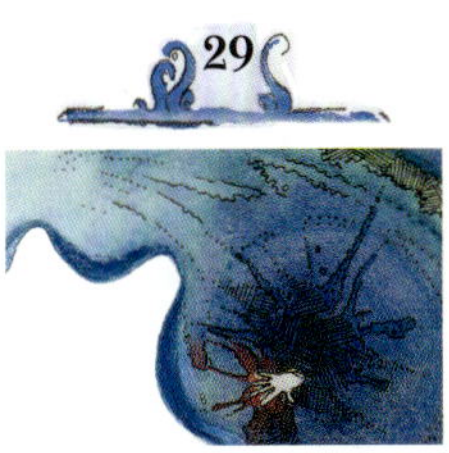

La naissance du Saint-Maurice

Le cap Trinité

28

Beaupré

La marmite du Géant

On peut penser qu'au temps des dinosaures les hominidés étaient de taille à affronter ces grands sauriens. Se peut-il qu'ils aient été responsables de leur disparition, comme aujourd'hui les hommes sont en train d'exterminer les singes, les tigres et les éléphants ? Peut-être, mais cela nous permet-il de conclure que nos ancêtres ont été des géants ? On est porté à le croire à la vue des vestiges qu'ils ont laissés un peu partout sur notre planète. Pensons aux pyramides d'Égypte, aux menhirs de Bretagne, aux têtes géantes de l'île de Pâques.

Revenons chez nous et demandons-nous qui a bien pu creuser, dans les roches pourtant bien dures de la rivière Sainte-Anne, des cavités qui ressemblent étrangement à d'énormes marmites. À n'en pas douter, ce sont des géants ! Quoi qu'en disent les sceptiques, ils ont existé, ces géants ! Les preuves abondent. Voyez ces roches plus grosses qu'un autobus, déposées au milieu des champs, on se demande par qui. Elles n'ont quand même pas poussé là comme de vulgaires arbustes ! Il fallait être bien fort pour transporter un roc de cinq ou dix tonnes. Et le cap Trinité, vous pensez que c'est le hasard qui l'a découpé ainsi ? Allez-y voir.

Entre les bouillons de la chute et l'arc-en-ciel, l'endroit rêvé pour les chefs sorciers.

Non, il faut se rendre à l'évidence : les grandes cavités circulaires dans la vallée de la rivière Sainte-Anne faisaient partie des cuisines du Grand Manitou. Son *Grand livre de recettes* a malheureusement été perdu il y a longtemps. On dit *livre*, mais il faut penser *pierre*, car elles étaient gravées, on s'en doute, sur des pierres que le temps a érodées, rabotées, transportées. Heureusement, la tradition orale nous en a révélé quelques secrets (notons que chaque potion décrite dans le *Grand livre de recettes* était désignée par une couleur). Ainsi, nous avons pu reconstituer la recette de l'*Élixir rouge*. La voici :

1. Placer dans un récipient de bois les éléments suivants et bien les mélanger à l'aide d'une branche de bouleau :
   – le sang d'un castor de deux ans ;
   – la moelle des os de quatre pattes de caribou ;
   – une cervelle de castor ;
   – le jus de dix poignées* de baies de chicoutai écrasées ;
   – une demi-poignée* de gomme de pin ;
   – une petite touffe de poils d'un ourson de moins d'un an pour lier le tout ;
   – une pincée de sable blanc pour également lier le tout.

   (* Une poignée correspond ici à ce que contiennent deux mains bien fermées d'une femme adulte.)

2. Verser le mélange dans une marmite alimentée par une chute d'eau et dans laquelle des cailloux ont été préalablement placés pour bien liquéfier et amalgamer les divers éléments du mélange.
3. Après avoir répété trois fois « Manitou, donne vie et force à cette nourriture », puisez, le plus rapidement possible, la quantité de ce mélange dont vous aurez besoin et placez-la dans des récipients en écorce de bouleau. Cette opération est particulièrement délicate, car il importe de la réaliser un soir de pleine lune.
4. À utiliser selon les indications du Grand Manitou.

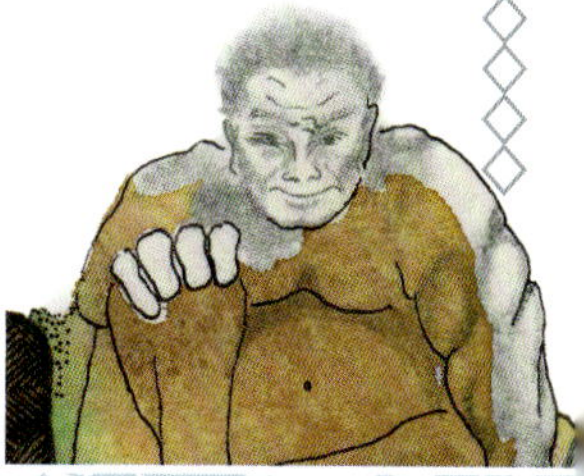

Dame Nature a mis à la disposition des géants de belles marmites, minutieusement sculptées dans le roc.

Comme les *Indications du grand Manitou* ne nous sont pas parvenues, on se demande à quoi pouvait bien servir cette potion magique. À donner à ceux qui en buvaient quelques gouttes la force de vaincre l'ennemi ? À guérir les grands blessés de guerre ? Ou peut-être était-ce pour y faire bouillir les otages ennemis ? Qui sait ? Ici encore, la légende courtise le mystère.

Il arrive que la nature s'amuse

La *marmite de géant* est une expression qui désigne un phénomène scientifiquement étudié et bien défini. Les géomorphologues ont emprunté au vocabulaire du monde légendaire l'expression qui désigne les cavités creusées dans le lit rocheux d'un cours d'eau, souvent au pied d'une chute, par le mouvement des tourbillons qui s'y forment.

L'eau, chargée de galets, de roches et d'autres menus matériaux plus ou moins grossiers, agit un peu à la manière d'une vrille, en creusant, polissant et élargissant, dans la roche, une cavité qui prend ainsi une forme plus ou moins circulaire évoquant une marmite de grandes dimensions (en général de un à deux mètres de diamètre). Le même phénomène peut se rencontrer sur les littoraux rocheux, si le jeu des marées produit des mouvements d'eau circulaires.

Le canyon de la rivière Sainte-Anne est un bon laboratoire d'étude géomorphologique. On y voit comment les eaux tumultueuses de la rivière ont profité d'une cassure dans les gneiss granitiques pour s'y loger et dévaler le rebord du Bouclier canadien, un peu à la manière de la chute Montmorency. Apportant avec elles des débris rocheux, elles leur ont imprimé, depuis des millénaires, des mouvements giratoires qui ont sculpté les marmites dont la plus spectaculaire a des dimensions d'une rare importance : près de quinze mètres de diamètre.

La marmite du Géant

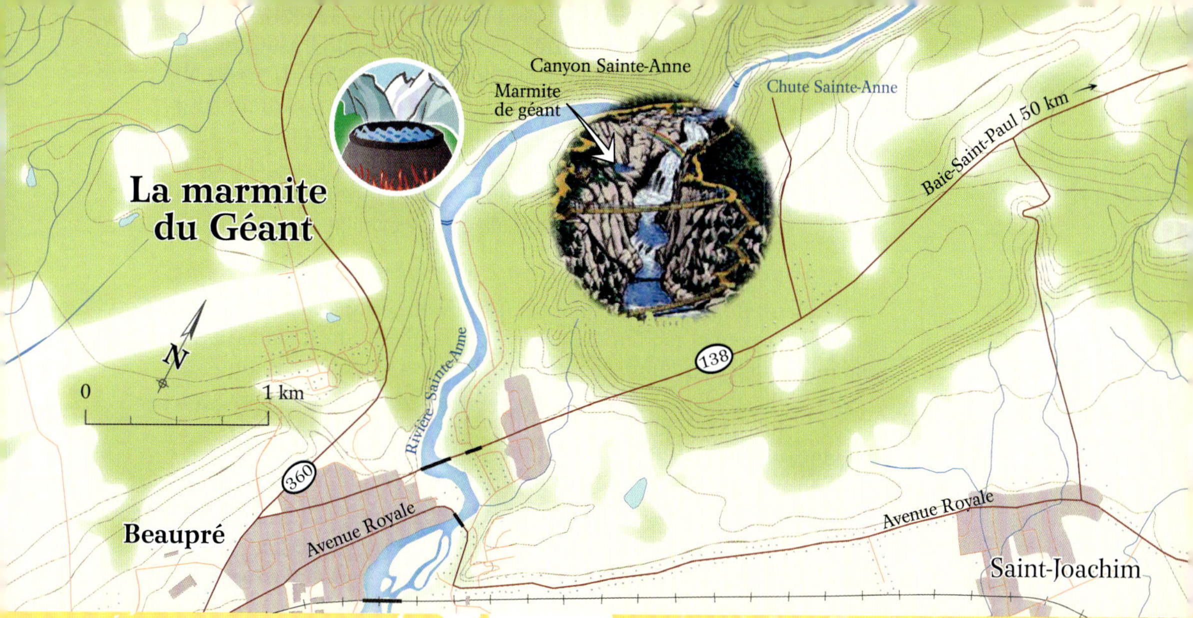

Comment s'y rendre

Sur la route 138, de Québec à Charlevoix, 6 km après Sainte-Anne-de-Beaupré, vous verrez l'entrée qui vous mène au site exceptionnel du canyon de la rivière Sainte-Anne. Un parcours bien balisé et ponctué de nombreux belvédères vous indiquera d'où vous avez les meilleures vues sur la principale marmite de géant du site. Ceux qui n'ont pas le vertige pourront traverser le canyon sur un fil de fer et même descendre de long de la paroi rocheuse jusque dans la marmite.

Et autour

Avant d'arriver au site du canyon, certains auront manifesté leur dévotion à sainte Anne. Même si vous n'êtes pas mû par la ferveur religieuse, vous pourrez admirer les mosaïques et les vitraux de l'imposante basilique de Sainte-Anne-de-Beaupré.

La rivière Sainte-Anne ne se contente pas d'une seule chute. À 8 km en amont, elle fait non moins de 7 sauts successifs. Hydro-Québec a aménagé des sentiers, des belvédères et des panneaux d'interprétation sur le site des *Sept chutes de la rivière Sainte-Anne.*

Airs de famille

CHEZ NOUS : Près de Rivière-à-Pierre, dans la réserve faunique de Portneuf, la bien nommée *chute de la Marmite* a creusé de belles marmites de géant. Aussi, près de Québec, les *chutes de la Chaudière* tirent leur nom du même phénomène.

AILLEURS : En France, au pays de Caux, on peut voir de belles marmites de géant littorales. Près de la Porte d'Amont, on peut voir un rocher qui, par ses deux arches, rappelle notre Rocher Percé.

29

Trois-Rivières
La Tuque

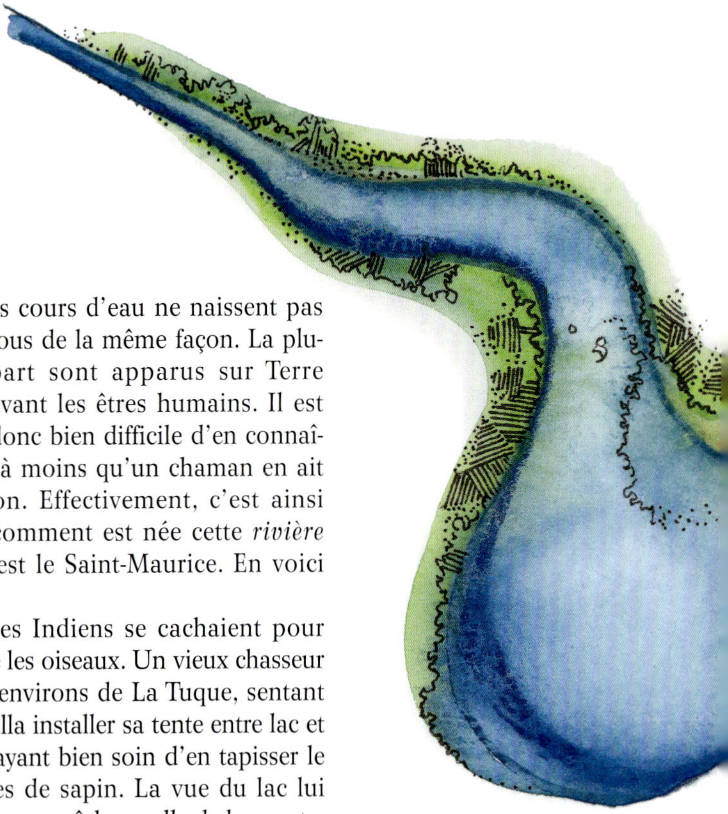

Les cours d'eau ne naissent pas tous de la même façon. La plupart sont apparus sur Terre avant les êtres humains. Il est donc bien difficile d'en connaître l'origine... à moins qu'un chaman en ait eu la révélation. Effectivement, c'est ainsi qu'on apprit comment est née cette *rivière essentielle* qu'est le Saint-Maurice. En voici l'histoire.

Autrefois, les Indiens se cachaient pour mourir, comme les oiseaux. Un vieux chasseur attikamek des environs de La Tuque, sentant sa fin proche, alla installer sa tente entre lac et montagne, en ayant bien soin d'en tapisser le sol de branches de sapin. La vue du lac lui rappelait ses bonnes pêches, celle de la montagne, ses chasses heureuses. Toute sa vie, il avait su où pêcher ses truites, où traquer son orignal, où piéger ses lièvres. Et il était bien malheureux de ne plus pouvoir parcourir son territoire pour pratiquer son art, car l'habileté avec laquelle il capturait ses proies faisait de son métier de chasseur un art véritable. Il était triste de constater que toutes les bonnes choses de la vie allaient maintenant lui échapper.

La naissance
du Saint-Maurice

Il se disait : « Pourquoi le Grand Manitou ne me donne pas encore quelque temps pour bénéficier de cette belle nature qui m'entoure et qui a fait le bonheur de mes frères de la forêt ? » Il semble bien que le géant Windigo ait lu dans ses pensées, car il apparut aussitôt et lui dit :

« On dit que je suis méchant parce que je suis grand comme un arbre et fort comme mille hommes. Mais je n'écrase que ceux qui le méritent ; je leur broie les os et je les réduis à l'état de poussière. Je sais que, toi, tu as fait une bonne vie. Je vais donc te donner un répit de quelques semaines, le temps de faire un travail qui sera très utile aux tiens et qui ne te demandera pas beaucoup d'efforts parce que je sais que tu es à bout de souffle et de forces.

« Mets ton canot à l'eau, pointe-le vers le soleil, face à la montagne, et avironne dans cette direction jusqu'à ce que la montagne s'ouvre devant toi. Tu verras qu'au fur et à mesure que tu avanceras une belle vallée se déploiera où couleront des eaux limpides, bleues et argentées. Mais cela ne sera qu'un dernier répit, car, lorsque la rivière que tu auras ainsi créée rencontrera une rivière encore plus grande, ce sera la fin de ta vie. Tu auras quand même parcouru un pays somptueux avant de mourir. Les souvenirs de ton pays n'en seront que plus beaux quand tu seras là-bas, de l'autre côté de la vie. Bon voyage ! »

Une si belle rivière ne peut être que le fait de Dieu… ou d'un valeureux Indien.

Une rivière qui arrive à Trois-Rivières, est-ce mystère ? La légende et la toponymie apportent chacune leur réponse.

Heureux de ce cadeau inattendu, il fit consciencieusement ce que Windigo lui avait proposé : il dirigea son canot vers le sud et creusa dans les montagnes une vaste vallée qui lui apparut comme une allée royale vers le bonheur. Mais après quelques semaines, ce bonheur passager fit place, petit à petit, à la crainte de voir apparaître la confluence avec le grand fleuve, car il savait que ce serait alors la fin. Une idée lui vint à l'esprit. Au lieu d'avironner en dirigeant son canot droit devant lui, il se mit à lui faire faire toutes sortes de détours pour allonger son parcours et, de ce fait, étirer son sursis. Cette astuce ajouta en effet quelques jours supplémentaires à son périple, mais ne l'empêcha pas de s'approcher dangereusement du grand fleuve.

La dernière journée de son long voyage, alors qu'il avait volontairement ralenti sa course, il vit la rivière se diviser en trois devant lui. Il ne savait pas laquelle choisir. Peut-être qu'un des bras de la rivière l'amènerait ailleurs et qu'il aurait ainsi encore un peu de temps à vivre pour découvrir de nouveaux paysages. Il demanda à Windigo de lui indiquer la bonne route, mais le géant garda le silence. Le bon Indien choisit au hasard un des chenaux qui l'amena directement à l'embouchure où un grand tourbillon l'attendait. Le canot s'en approcha, tourna d'abord lentement en faisant des cercles de plus en plus serrés puis disparut lentement au fond des eaux.

Ainsi naquit le Saint-Maurice et voilà comment cette belle rivière, droite et fière en amont, devient indécise et sinueuse en aval. Elle constitue ainsi la mémoire de l'exploit du bon Indien et de la puissance de Windigo.

Une rivière au long cours

Toutes les rivières importantes sont objets de légendes. Le Saint-Maurice n'y échappe pas. Fait intéressant, la légende qui évoque la naissance de cette grande rivière tient compte de sa géographie. En général, son tracé est fait de tronçons droits plus ou moins longs correspondant aux axes de fracture du Bouclier canadien, correspondant à une vallée préglaciaire remodelée par le glacier. Lorsque le Saint-Maurice arrive dans les basses terres du Saint-Laurent, il se comporte comme toutes les rivières de plaine : il dépose des alluvions qui, en s'accumulant, lui fournissent un terrain fertile à des hésitations qui ont compliqué la dernière partie de son cours. En résumé, la rivière se voit imposer son itinéraire en amont ; elle en décide elle-même en aval.

Arrivé près de son terme, c'est-à-dire à sa confluence avec le Saint-Laurent, le Saint-Maurice a construit, avec les alluvions qu'il charriait à partir du Bouclier canadien, un large delta qui s'étend de part et d'autre de la dernière partie de son cours. Avec le temps, la rivière s'y est déplacée au gré des variations de son débit et de la quantité de matériel transporté. C'est l'aboutissement classique des fleuves de plaine.

Ainsi, à la fin son parcours, le Saint-Maurice, ralenti dans sa course par l'absence de pente, étale ses eaux de part et d'autre de plusieurs îles et divise son cours en trois bras qui, vus du fleuve, font figure de trois rivières… d'où le nom de cette confluence, qui a donné son nom à la ville. Le toponyme *Trois-Rivières* n'annonce donc qu'une demi-vérité.

La naissance du Saint-Maurice

Comment s'y rendre

À mi-chemin entre Montréal et Québec, Trois-Rivières est le point de départ de la route qui conduit à La Tuque. Elle suit continûment la rive orientale du Saint-Maurice et permet d'en apprécier la variété et la majesté.

Et autour

Les amants de la forêt auront le choix entre trois territoires pour y pratiquer le camping et l'observation de la nature. Le parc national de la Mauricie offre diverses activités alors que la réserve faunique du Saint-Maurice a davantage conservé un environnement naturel et peu aménagé. Au-delà de La Tuque, divers chemins forestiers mènent à d'anciens chantiers, à des établissements indiens, à des stations de chemin de fer plus ou moins abandonnées… Un vaste territoire sauvage à découvrir.

Airs de famille

CHEZ NOUS : Géographes et géologues ont bien démontré que la naissance du Saint-Laurent avait beaucoup à voir avec la faille Logan qui sépare le Bouclier canadien des Appalaches. Toutefois, si l'on cherche à identifier le responsable de cette fracture du continent, on finit par découvrir qu'un violent combat entre le Diable et le bon Dieu en serait à l'origine. En tout cas, ainsi va la légende…

AILLEURS : L'origine des fleuves a alimenté bien des légendes. Une des plus belles est celle de la naissance de l'Amazone. La Lune s'éprit d'un amour fou pour le Soleil. Lorsqu'elle s'aperçut que c'était un amour impossible, elle pleura si fort que le plus grand fleuve du monde naquit de sa peine. Heitor Villa-Lobos a traduit cette légende dans un superbe poème symphonique.

30
Tadoussac

Le cap Trinité

Le cap Trinité porte bien son nom. Regardez cet immense escalier fait de trois énormes marches creusées dans la falaise. À qui pouvaient-elles servir ? À quelque géant peut-être ? C'est possible, car le Saguenay a déjà été peuplé de méchants manitous qui, lorsqu'on les provoquait, se gonflaient, grossissaient, grandissaient pour devenir aussi hauts que les montagnes qui enserrent le fjord. Mais rassurons-nous, des géants prêts à gravir un escalier rocheux pour parcourir Charlevoix par monts et par vaux afin d'en effrayer les habitants, il n'y en aura plus ! Voici pourquoi.

Au Saguenay, les caps se suivent et se ressemblent, mais il en est un qui se distingue : le cap Trinité, cet escalier de géant.

On savait depuis longtemps que certains chasseurs, partis naviguer dans le fjord, n'en étaient jamais revenus. Le bruit courait que ces malheureux avaient rencontré un compère de Windigo, le géant maléfique qui hantait les forêts de la région, voire Windigo lui-même. On disait que seul celui qui vaincrait sa peur du géant pourrait en venir à bout, car alors le Grand Manitou le récompenserait de sa bravoure en lui conférant le même pouvoir qu'à Windigo, celui de grandir, grandir et grandir encore pour affronter ses ennemis.

Wapouchich, le plus courageux des chasseurs de sa tribu, voulut un jour en avoir le cœur net. Il enfila son carquois, prit ses tomahawks et partit, bien décidé à dissiper le mystère qui le hantait depuis longtemps. Il avironna toute la nuit. Au petit jour, alors que le ciel venait de passer du mauve au saumon, il vit apparaître ce qu'il crut être un marsouin d'abord, puis un rorqual, puis plutôt une baleine, tant la bête grossissait à chaque clignement de ses yeux ahuris ! Soudain, il en était sûr : c'était le monstre en personne qui nageait vers lui la gueule grande ouverte, prêt à l'avaler tout rond avec son équipement et son canot.

Wapouchich, surmontant sa peur, eut la bonne idée de décocher une flèche en plein dans la gorge de la bête, qui se mit à se tordre de douleur, plongeant dans l'eau puis s'en dégageant péniblement en faisant claquer sa queue sur les vagues. Mais le chasseur grandissait à vue d'œil. Lorsqu'il se sentit d'attaque, il saisit le monstre par la queue, le fit virevolter dans les airs et le lança contre le rocher. Le choc fut terrible : l'impact y laissa une immense échancrure. Le monstre tomba à l'eau et se remit à se débattre. Wapouchich le ressaisit et le relança contre le rocher, encore plus haut que la première fois. Le choc fut terrible : l'impact y laissa une deuxième échancrure. Le monstre retomba à l'eau et recommença ses sparages. De nouveau, Wapouchich le saisit par la queue et le relança contre le rocher, d'où le monstre tomba de si haut, cette fois, qu'il disparut à jamais dans les eaux froides du fjord.

Jamais plus on ne parla du monstre, de crainte de le voir réapparaître. Mais les marques qu'il laissa dans la falaise sont là pour rappeler à la fois la peur qu'il inspira à des générations de chasseurs et le courage légendaire de Wapouchich.

La légende explique que trois fois valent mieux qu'une pour venir à bout d'un monstre.

Le géant, c'était le glacier

Comme la mythologie, la géographie est peuplée de géants qui utilisent leur puissance pour sculpter des paysages grandioses. Le glacier continental qui a envahi l'Amérique du Nord, il y a quelque quinze à vingt mille ans, est un de ceux-là. Il a buriné le pays, découpé collines et montagnes, poli les pierres de surface, charroyé des millions de tonnes de roches et de graviers, bref, il a refaçonné le pays, laissant partout des traces de son passage. Mais son chef-d'œuvre, c'est le fjord du Saguenay, cette magistrale porte du Royaume. Aussi profond que ses rives sont hautes et escarpées, il enregistre tous les records des vallées du Québec.

Le cap Trinité n'est qu'un des nombreux promontoires qui font cortège au Saguenay, depuis Chicoutimi jusqu'à sa confluence avec le Saint-Laurent. Une particularité, toutefois, le singularise: formé de trois gradins, il évoque effectivement un escalier de géant qui, à l'instar d'un cap voisin, le cap Éternité, a inspiré mythes et croyances, religion comprise: une Vierge votive, installée sur une de ses marches, en témoigne.

Géographes et géologues nous disent que toute forme de terrain, à la surface de la terre, a son explication matérielle et logique. Ils auront vu dans les trois épaulements successifs du promontoire les marques d'une glaciation qui a mis au jour la structure interne de la paroi et le pouvoir de résistance de la roche. Quoi qu'il en soit, on sait maintenant que c'est le même géant de glace qui, dans son implacable mouvement vers le sud, a fait du Saguenay le roi des affluents du Saint-Laurent. Rien de surprenant à ce que ses dimensions cyclopéennes aient invité monstres, dragons et autres chimères à y trouver refuge pour hanter ceux qui autrefois s'y aventuraient.

Le cap Trinité

Comment s'y rendre

On peut se rendre tout près du pied du cap Trinité par la route, à partir de Rivière-Éternité, un village situé sur la route 170, à une cinquantaine de kilomètres au nord de Saint-Siméon. Un sentier permet d'atteindre la statue de la Vierge, installée sur le palier supérieur du cap Trinité. Mais c'est depuis le Saguenay qu'on en a la vue la plus spectaculaire.

Et autour

Si vous passez par Rivière-Éternité en juillet, en août ou en décembre, vous pourrez y visiter l'exposition internationale de crèches et de scènes de la Nativité ; on y présente 150 crèches d'une soixantaine de pays. Au bout du chemin Notre-Dame, le Centre d'interprétation du fjord du Saguenay mérite qu'on s'y attarde.

À une vingtaine de kilomètres au sud-est de Rivière-Éternité, L'Anse-Saint-Jean est un très joli village d'où une route mène à un belvédère aménagé par Hydro-Québec : la vue sur le fjord y est spectaculaire.

Airs de famille

CHEZ NOUS : Le Saint-Laurent aussi aurait été créé par un géant, foi d'Amérindien. Au début de la Création, ce géant aurait creusé de son doigt le passage entre des montagnes qu'il voulait séparer pour bien marquer leurs différences (évidemment, il s'agissait des Laurentides et des Appalaches). Il aurait fait ainsi un sillon dans lequel allait s'installer le grand fleuve.

AILLEURS : Le preux chevalier Roland, héros de Roncevaux, a voulu briser son invincible épée, nommée « Durandal », pour éviter que les Maures la lui ravissent, en la lançant contre les Pyrénées. Indestructible en effet, l'épée resta intacte, fit éclater la montagne, créant ainsi la *Brèche de Roland*. Si vous visitez le cirque de Gavarnie, vous verrez là-haut une vaste trouée, une impressionnante fenêtre entre la France et l'Espagne. C'est l'œuvre de Durandal.

Les visiteurs de l'au-delà

La vie après la mort ? Ce n'est pas une vaine question si l'on en croit tous ces revenants qui hantent les lieux qu'ils ont jadis fréquentés en chair et en os. Qui peut nous assurer en effet que leur âme a bel et bien quitté cette terre ?

Trois légendes évoquent des revenants qui aiment à troubler la paix des bonnes gens du Québec : **La Maison hantée de Trois-Pistoles, Les âmes du lac Hertel** et **Les revenants de Saint-Octave**. Allez-y, ils vous accueilleront peut-être…

31

La Maison hantée de Trois-Pistoles

32

Les âmes du lac Hertel

33

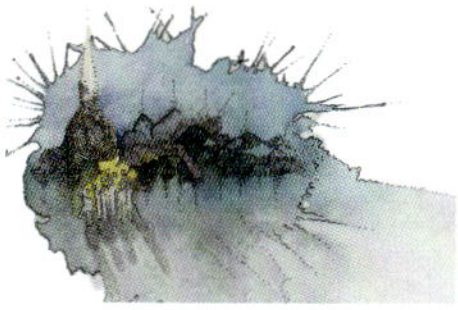

Les revenants de Saint-Octave

31
Trois-Pistoles

La Maison hantée de Trois-Pistoles

On dit que les couchers de soleil, vus de la région du Kamouraska et de Trois-Pistoles, sont les plus beaux qui soient. Le fleuve y est pour quelque chose, lui qui, tout au long des soirs d'été, multiplie et fait vibrer les couleurs de l'horizon. Certains soirs, le ciel rougeoie avec tant d'ardeur qu'on devine qu'il veut livrer un message aux gens d'en bas. Et, selon le lieu où l'on se trouve, ce lointain message apporte parfois une douce sérénité aux soirs d'été, mais parfois aussi la crainte de quelque chose d'indéfinissable.

Entre chien et loup, quand l'arrière-pays s'enfonce dans la nuit toute proche, voir ces ciels rouge sang colorer la Maison hantée de Trois-Pistoles donne froid dans le dos. Des trous béants de fenêtres mortes, des pans de murs encore aussi solides qu'inutiles, des taillis d'herbes folles et de ronces en

Un squelette de maison au bord d'un chemin perdu, ce n'est rien, mais…

guise de parquet, bref, un squelette de pierre en plein champ, n'est-ce pas assez pour attiser l'imagination de ceux qui connaissent l'histoire de la région ?

Les légendes s'appuient toujours sur l'adage qu'il n'y a pas de fumée sans feu. La Maison hantée de Trois-Pistoles en est bien la preuve. Elle a longtemps été le poste de rencontre des marins du Saint-Laurent. Les hommes de mer, on le sait, ont bien des choses à raconter : des vraies, des vraisemblables, des à moitié vraies, des… mais passons. Une maison située non loin du fleuve, mais assez loin pour que le bruit de la mer ne vienne pas y troubler les conversations et les confidences, avait été construite pour accueillir les marins de passage. Déjà, le nom *Trois-Pistoles* a quelque chose de mystérieux. S'agit-il de pistolets ? Et pourquoi trois ? Comment savoir ?

Quoi qu'il en soit, la légende traite d'autre chose. C'était une taverne où les capitaines au long cours s'échangeaient des histoires à dormir debout, se vantaient de prouesses plus ou moins exagérées. D'où, naturellement, des questionnements, des mises au défi, des bagarres de mots, puis de poings, puis de couteaux. Un jour, dans le brouhaha houleux des discussions, le ton monta tellement que, finalement, il y eut bataille et mort d'homme. Mais cela se passait entre marins. Ce n'était pas l'affaire des autres. Les compères décidèrent d'enterrer le mort dans le sous-sol de la maison sans en souffler mot à personne.

La maison, depuis cet événement, a été abandonnée et le temps a fait son œuvre. De plusieurs façons. Ce qui avait été une solide auberge est devenu «un squelette de pierre» Comme on dit qu'un mort enterré à un endroit qui lui déplaît trouve toujours, depuis l'au-delà, un moyen de se venger, soyez prévenus : quiconque pénètre à l'intérieur de ces murs gris et menaçants risque de rencontrer le fantôme de la victime dont, au fait, on n'a jamais retrouvé le corps. Et, même si la rencontre, crainte ou souhaitée, n'a pas lieu, le visiteur entendra des rumeurs, des cliquetis, des plaintes et moult bruits qui alimenteront, longtemps encore, la légende de la Maison hantée de Trois-Pistoles.

Observez, écoutez… entre la curiosité et la peur, il y a peut-être un message.

Tous les bruits sont dans la nature

Ce que l'on sait ou croit savoir de la Maison hantée de Trois-Pistoles, c'est qu'elle a été construite en 1830, qu'elle servait de poste de transfert et de taverne pour les pilotes, que souvent la chicane y prenait et que parfois ça finissait mal. Ce brouhaha, hebdomadaire ou presque, finit un jour par un meurtre et la victime y fut enterrée. Tout le monde s'entend là-dessus. Mais où est la preuve ? À cela, on répond que l'âme errante du marin est toujours là pour effrayer les intrus... Oups ! on vient de franchir un pas vers la légende.

Revenons sur terre et demandons-nous si quelque savant commentaire peut parvenir à expliquer les phénomènes étranges qui s'y manifestent, autrement qu'en ayant recours à la parapsychologie. Il se pourrait que des courants d'air inhabituels trouvent leur explication dans les différences de température des espaces séparés par des cloisons épaisses. On vous dira qu'il est normal que le vent qui s'infiltre dans les fentes des murs d'une maison en ruine produise des hululements sinistres. Les étranges craquements qu'émettent les plafonds, les murs ou les planchers en décomposition s'expliqueront aussi par les tensions internes des matériaux réagissant différemment aux changements de température.

Mais on a aussi le droit de croire à autre chose. Se peut-il que les murs aient une mémoire ? Il faut bien constater que les maisons hantées ont toutes, ou presque, été témoins d'épisodes tragiques. Les fantômes n'apparaissent jamais sans raison : ce peut être pour venger un assassinat, se dédouaner d'une fausse accusation, réparer une flagrante injustice. Ce sont là des sentiments violents qui peuvent s'être imprégnés dans la matière ambiante. A-t-on jamais eu des preuves que cela soit impossible ?

La Maison hantée de Trois-Pistoles

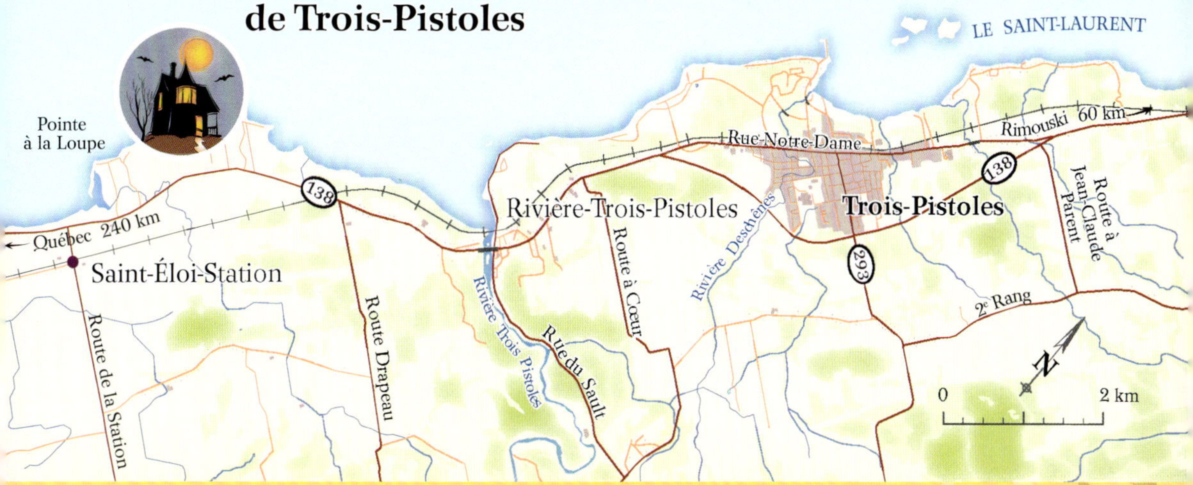

Comment s'y rendre

La *Maison hantée de Trois-Pistoles* se trouve entre la route 138 et le Saint-Laurent, à environ 3 km à l'ouest du bourg de Rivière-Trois-Pistoles, lui-même situé à quelque 40 km à l'est de Rivière-du-Loup.

Et autour

Si vous ne voulez pas quitter le mode *mystère*, restez à Trois-Pistoles et suivez le circuit des légendes : outre celle de la Maison hantée, vous connaîtrez celles des *Trois-Pistoles,* du *Gobelet d'argent,* du *Tenant du chemin d'en bas,* du *Quêteux,* du *Cheval noir* et de *L'église Notre-Dame-des-Neiges.* Mais, sans doute, connaissez-vous déjà cette dernière…

Airs de famille

CHEZ NOUS : Au Québec, elles sont nombreuses, mais il est difficile de choisir une maison plus hantée que les autres. Le mieux est de se référer au livre de Mireille Thibault, *Le phénomène des maisons hantées*, aux Éditions Québecor.

AILLEURS : Dans la commune du Moule, en Guadeloupe, il ne reste d'une ancienne usine à sucre, dont les ruines sont rongées par des figuiers à l'aspect lugubre, que l'*habitation Zévallos*, aujourd'hui restaurée. On a dit que cette maison était hantée et que, certaines nuits, on entend encore les cris des esclaves tués dans une émeute. Cela ne semble pas émouvoir les propriétaires actuels.

32

Mont-Saint-Hilaire

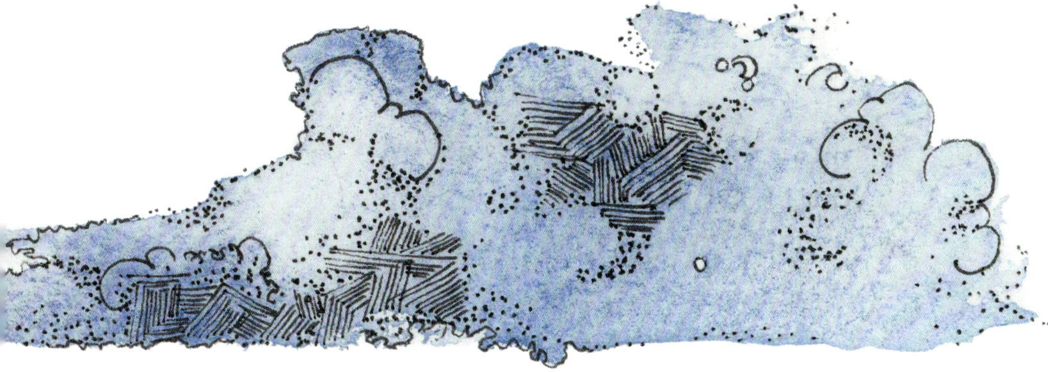

Les âmes du lac Hertel

Le Québec est le pays des lacs ; on en compte près d'un million. Le plus souvent, le noir des parois rocheuses qui les encadrent, le vert de la forêt et le bleu du ciel qui s'y marient avec bonheur font de ces lieux des oasis de calme et de sérénité. Mais il y a des exceptions, par exemple le lac Hertel qui coiffe le mont Saint-Hilaire, à quelques dizaines de kilomètres de Montréal.

Déjà, un lac perché au sommet d'une montagne, c'est exceptionnel. Quand en plus on entend toutes sortes d'histoires sur ce qui se

passe à l'intérieur comme autour de ce lac drôlement situé, on se demande où finit la réalité, où commence la légende. Des eaux calmes dans un environnement serein ? Oui, sauf que…

Lisez bien ce qui suit : c'est le résultat d'une étude patiente, sérieuse, scientifique. Nous avons voulu vérifier ce qu'il y a de vrai dans toutes les histoires qu'on raconte sur cette montagne. Car on en a dit bien des choses – que des diables habitent des grottes (qu'on n'a d'ailleurs toujours pas trouvées) ; que l'un d'eux s'applique à détruire toutes les croix qu'on voudrait ériger sur le mont Saint-Hilaire ; qu'un autre utilise un aimant géant pour attirer vers le sommet tout objet métallique qui oserait le gravir ou le survoler ; qu'un autre enfin a déjà fait disparaître dans le lac Hertel un groupe de jeunes fêtards qui, sur la musique d'un énigmatique violoneux entièrement vêtu de noir (vous devinez de qui il s'agit), avaient désobéi à monsieur le curé en y dansant jusqu'au petit matin.

Pour en avoir le cœur net, nous avons patiemment observé l'endroit. Notre poste d'observation, installé au bord du lac, nous a permis de découvrir la clé du mystère. Pendant plusieurs jours, il ne s'est rien passé. Le lac était aussi lisse qu'un miroir. Aucun animal,

Le mont Saint-Hilaire, réserve de biosphère de l'UNESCO, est un lieu de recherche scientifique, ce qui ne le prive pas de sa dimension légendaire.

aucun oiseau, aucun bruit n'est venu troubler l'extraordinaire quiétude du lieu. Puis, un bon matin, la surface du lac s'est mise à bouger, et on a vu se former trois ou quatre petits cercles d'où sont sortis subitement plein d'oiseaux, apparemment des canards, des becs-scies ou des bernaches. Puis, ils ont disparu dans les nuages. Bizarre, car personne ne les avait vus arriver.

L'explication de ce curieux phénomène nous a été révélée lors d'une séance de sorcellerie sur laquelle il nous a été interdit de nous prononcer. L'histoire des danseurs nocturnes engloutis dans le lac est tout à fait véridique. Les chamans nous l'ont confirmé. Ce qu'on a appris, c'est que chaque année au printemps, le Diable, qui tient en otage les âmes de ces jeunes noyés, en libère quelques-unes, pour montrer qu'il n'est pas aussi méchant qu'on le dit mais qu'on ne doit quand même pas le provoquer.

Pour nous plier au code des recherches consacrées aux phénomènes paranormaux, nous avons voulu photographier ces âmes volantes, mais rien ne s'est imprimé dans nos appareils pourtant fort sophistiqués. Et, nous vous le jurons, les oiseaux sont bel et bien sortis du lac, nous ont survolés et ont disparu dans les nuages. Combien reste-t-il de ces âmes au fond du lac Hertel ? L'avenir le dira, si tant est que l'on continue à observer le lac et les êtres mystérieux qu'il abrite.

Ô temps ! suspends ton vol ! et vous, heures propices, suspendez votre cours… qu'on puisse entendre le message des âmes envolées du lac Hertel.

Le mont Saint-Hilaire, un dôme mystérieux ?

L'histoire du mont Saint-Hilaire a connu suffisamment d'épisodes particuliers pour alimenter des légendes. Un lac au sommet d'une montagne n'est pas un phénomène rare : c'est le cas de nombreux volcans éteints. C'est peut-être ce qui a fait dire à certains que les Montérégiennes étaient d'anciens volcans. Il n'en est rien. Certes, des poussées magmatiques venues de l'intérieur de la terre ont construit ces monolithes, mais sans atteindre la surface. C'est l'érosion qui, en décapant les sédiments qui les recouvraient, les a finalement mis au jour. À une époque géologique plus récente, la montagne était submergée par la mer Champlain, formée par l'eau de fonte du glacier continental qui recouvrait le Québec il y a environ 20 000 ans. Lors de la disparition progressive de cette mer intérieure, une partie de l'eau est restée emprisonnée dans une dépression au sommet de la montagne.

Voilà pour la topographie des lieux. Quant au reste… Oui, des croix ont été détruites… par la foudre. Oui, un avion s'est écrasé à cet endroit. Quand on sait que la concentration de graphite y dépasse de mille fois la norme moyenne, on peut supposer que des instruments de navigation le moindrement sensibles aient été bouleversés.

Quant au départ des bernaches, il n'y a là rien de surprenant, pour peu qu'on les ait vues arriver. Des chercheurs de l'Université McGill ont eu le mandat d'étudier l'écologie du mont Saint-Hilaire dont une grande partie est protégée par son statut de réserve mondiale de la biosphère. Si des phénomènes paranormaux y surviennent, les scientifiques qui y travaillent ne manqueront sûrement pas d'en faire rapport et peut-être d'en donner l'explication.

Comment s'y rendre

À partir d'Otterburn Park, vous empruntez le chemin de la Montagne qui devient, à peine 2 km plus loin, le chemin des Moulins. Tout de suite à gauche, la rue McGill vous mène à l'entrée du Centre de la nature du mont Saint-Hilaire. À partir du stationnement, en cinq minutes vous aurez gravi les quelque 175 mètres qui vous séparent du lac Hertel.

Et autour

Trois sites intéressants se trouvent dans un rayon de 15 kilomètres du mont Saint-Hilaire. Les sommets de deux montagnes, le mont Saint-Bruno et le mont Rougemont, offrent de belles vues de la plaine du Saint-Laurent, ponctuée de ces étranges blocs montagneux que sont les Montérégiennes.
À une vingtaine de kilomètres au sud, le Lieu historique national du Fort-Chambly mérite le détour.

Airs de famille

CHEZ NOUS : Qui sait où vont les âmes des défunts ? Chez nous, les avis sont partagés : au paradis, en enfer, dans d'autres corps, dans celui des oiseaux par exemple, dans la pierre… Ou peut-être dans les arbres : découvrez la légende *La Forêt enchantée*.

AILLEURS : Les Égyptiens croyaient que l'âme des défunts quittait leur dépouille sous une forme d'oiseau. Cela explique les fréquentes représentations d'oiseaux à tête humaine dans l'art de l'antique Égypte.

33

Saint-Octave-de-l'Avenir

Les revenants de Saint-Octave

Vous avez sûrement déjà entendu parler des villages *fantômes*, ceux que leurs habitants ont abandonnés, le plus souvent contre leur gré. Comme les êtres humains, les villages peuvent mourir. Les noms des uns et des autres peuvent leur survivre, du moins dans les mémoires et durant un certain temps. Car un nom, c'est un souvenir. Parfois triste, parfois joyeux, précis ou mystérieux, parfois même contradictoire.

Au seuil de ce qui n'est plus qu'un souvenir, à Saint-Octave-de-l'Avenir.

Par exemple, on se demande si, en désignant un nouveau village du nom prometteur de *Saint-Octave-de-l'Avenir*, on n'a pas voulu défier le destin. Car il faut bien constater que, malgré son nom, ce village n'a pas eu d'avenir puisqu'il a même perdu son présent. Il s'agit aujourd'hui d'un *village fantôme*. Un village qui a aussi la double particularité de bien mériter son titre, puisque les âmes de ses anciens habitants le fréquentent toujours. Ce serait donc aussi un village *de fantômes.*

Les gens des Méchins et de Cap-Chat s'y connaissent en phénomènes étranges : ils savent qu'un chat peut être changé en rocher et qu'un méchant monstre, plus gigantesque qu'un clocher d'église, peut effrayer tout un village. Comme ce qu'on racontait au sujet des fantômes de Saint-Octave se passait près de chez eux, ils ont voulu en avoir le cœur net.

Voici l'histoire. C'était la veille de Noël. Quelques joyeux lurons avaient fêté toute la journée et abondamment arrosé leurs agapes. Soudain, par bravade, ils décidèrent de se rendre au village qu'ils avaient déserté depuis des lunes et où ils n'étaient jamais retournés pour ne pas risquer de succomber à la nostalgie.

Arrivés sur l'ancien rang qui s'allongeait vers la montagne, ils s'étonnèrent de trouver, de part et d'autre du chemin, un chapelet de lueurs vacillantes qui épandaient dans l'obscurité de lugubres traînées laiteuses. Tout en craignant quelque manifestation du Diable, ils osèrent s'en approcher pour mieux suivre le mystérieux spectacle. De leur poste d'observation, ils virent des gens sortir des taillis qui avaient envahi les anciens champs en culture. Bizarrement transparents, vêtus à l'ancienne, ils cheminaient d'un pas anormalement lent. Munis de fanaux projetant de très longues ombres, les fantômes se dirigeaient vers l'unique vestige du village disparu : son église.

Au coup de minuit, ils entendirent, d'abord faiblement, puis de plus en plus distinctement, des chants de Noël. Le village semblait avoir repris vie. Devant ce concert, aussi beau qu'inattendu, nos compères, d'abord surpris et envoûtés, prirent carrément peur. L'un d'eux, se rappelant quelque vieille histoire, rompit alors par ces paroles le silence qui régnait depuis leur arrivée : « Mais c'est la messe des trépassés ! »

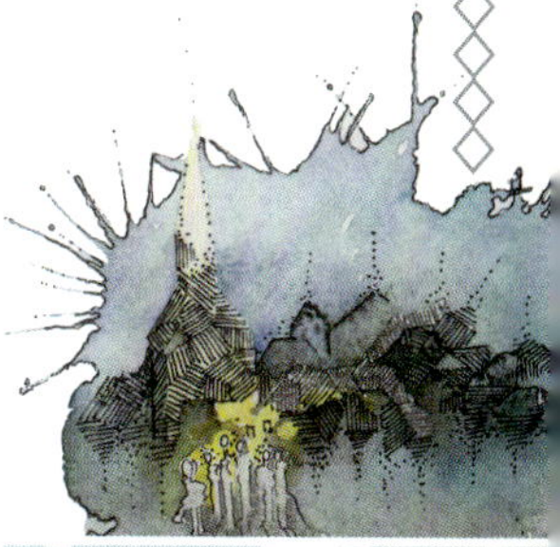

Il n'avait pas fini de prononcer ces mots que les chants se turent et que toutes les lumières s'éteignirent. Dans l'obscurité et le silence soudains, nos visiteurs se souvinrent qu'en présence des trépassés il n'en faut jamais prononcer le mot.

Un chemin forestier ? Non, une ancienne rue principale.

Des revenants entreprenants

Au début des difficiles années 1930, le curé de Cap-Chat, Mgr Octave Caron, décide d'ouvrir une colonie dans l'arrière-pays et lui donne son nom en y exprimant sa foi en l'avenir. Saint-Octave-de-l'Avenir émerge de la forêt. Vingt-cinq ans plus tard, le village compte plus de mille âmes. Un moulin à scie emploie plusieurs villageois ; les autres cultivent une terre plutôt ingrate. Malgré le courage de ses habitants, le village est frappé par la cruauté du destin, dont les premières heures sonnent en 1945, lorsqu'une partie de la colonie est ravagée par un grand incendie. Treize ans plus tard, c'est le moulin à scie qui est la proie des flammes ; puis, ce sont les 7e et 8e Rangs qui sont détruits par le feu. L'exode allait terminer de tuer le village.

Au début des années 1970, les technocrates du Bureau d'aménagement de l'est du Québec concluent leurs recherches en décrétant que le meilleur plan de développement de la Gaspésie consistait à « fermer » un certain nombre de villages. Leur étude sonna le glas de quelques-uns d'entre eux : Saint-Nil, Saint-Thomas-de-Cherbourg, Saint-Paulin-Dalibaire, Saint-Octave-de-l'Avenir… treize en tout. Ce fut la fin d'un rêve, sans doute audacieux, mais dont on commence à dire qu'il était peut-être viable, n'eût été de sa condamnation à mort par les autorités.

Et les revenants ? Eh bien oui, il y en eut, en chair et en os ! Un groupe de personnes à l'esprit entreprenant a fait renaître les lieux en les dotant d'un centre de plein air à la disposition de ceux qui apprécient la tranquillité, la forêt, la montagne. Le *Relais Chics-Chocs* offre chalets et sentiers et un accueil confortable, hiver comme été.

Comment s'y rendre

À partir de la route 132, à la sortie de Cap-Chat vers l'est, il faut prendre la route des Fonds qui longe, du côté ouest, la rivière Cap-Chat. Aux bifurcations, la direction à prendre pour Saint-Octave (ou pour le *Relais Chics-Chocs*) est bien indiquée. Vous roulerez pendant une vingtaine de kilomètres sur une route de terre en bon état.

Et autour

Pour vous rendre à Saint-Octave-de-l'Avenir, il vous faudra passer par Les Méchins et Cap-Chat. Deux légendes vous y attendent.

Ceux qui veulent pousser plus loin la découverte de la Haute-Gaspésie intérieure, la route 299, au départ de Sainte-Anne-des-Monts, à une quinzaine de kilomètres à l'est de Cap-Chat, mène au parc national de la Gaspésie et à la réserve faunique des Chics-Chocs.

Airs de famille

CHEZ NOUS : Le tourisme est souvent la planche de salut de villages abandonnés, autrement voués à l'oubli. Un des exemples les plus réussis est le village de Val-Jalbert où des activités respectueuses des lieux et de leurs traditions sont offertes à un public nombreux. Le Village historique de Val-Jalbert est situé à 10 km au sud-est de Roberval, sur la route 169.

AILLEURS : Les États-Unis, notamment dans le Middle East et dans l'Ouest, regorgent de *ghost towns* le long de chemins de fer abandonnés ou près de mines qui n'ont pas tenu leurs promesses ; elles sont plus d'un millier, dit-on. On ne s'en étonne pas quand on sait que les Grandes Plaines américaines ont perdu le tiers de leur population depuis 1920.

Épilogue

Ce pays est une terre de légendes et de mystère. Il est fait de roches qui pleurent, d'arbres qui gémissent, de rivières qui racontent, de brumes qui dansent. Regardez, écoutez, imaginez... c'est la légende. Elle est souvent signée: par le grand Manitou, par le Diable ou le bon Dieu, ou simplement par le temps qui l'a gravée dans les mémoires. Elle l'est aussi parfois dans la pierre; la *Griffe du Diable* vous le rappellera.

Les âmes des disparus, les revenants, les fantômes et autres personnages sont plus visibles qu'on ne pense. Qu'ils soient de pierre, de bois ou de brume, ils marquent le paysage. On peut leur rendre visite, écouter le chant de la Dame blanche de Montmorency, les menaces du méchant Manitou de Mingan, les craquements de la Maison hantée de Trois-Pistoles. Ce ne sont pas de vains bruits. Chacun livre un message.

On peut aussi, sans se déplacer, en entendre l'écho: dix poèmes mis en musique vous y invitent.

Chansons de légendes

1. Le rocher à l'Oiseau (5:14)
2. La Forêt enchantée (4:05)
3. La Dame blanche (4:38)
4. La Griffe du Diable (5:17)
5. Notre-Dame-des-Neiges (6:16)
6. Le cap Chat (3:36)
7. La Roche pleureuse (4:08)
8. La Maison hantée (4:53)
9. Ishpatau (6:39)
10. Les Guérets (5:22)

1 Le rocher à l'Oiseau

Tous les enfants, vous le savez bien
Sont d'abord des anges
Puis vient la vie

Puis les enfants, vous le savez bien
S'en vont où ils veulent
C'est bien la vie

Mais il arrive, écoutez-moi bien
Qu'un enfant reste ange
Toute sa vie

Il y a longtemps en Abitibi
Un enfant indien
Devint un ange

C'est arrivé d'étrange façon
Écoutez-moi bien
C'est vérité

L'enfant innu sur le promontoire
Choisi par le clan
S'approche et tombe

Il tombe soudain dans le vide
Comme un ange en vol
Il tombe, il vole

C'est là qu'arrive, et c'est merveilleux
Un grand don du ciel
Un aigle sauveur

À tire d'aile, il arrive là-bas
Il déploie ses ailes
Et reçoit l'enfant

Il le transporte, allez savoir où
Très, très loin sans doute
On ne sait pas

Pourquoi savoir, pourquoi chercher…
Car ce qui importe, c'est la légende
Pourquoi savoir, pourquoi chercher…
Car ce qui importe, c'est la légende
Pourquoi savoir, pourquoi chercher…
Car ce qui importe, c'est la légende
C'est la légende…

2 La Forêt enchantée

Écoutez-moi, je vous parle de bien loin
De dessous la terre
Je veux vous dire
Ce que vous ne savez pas
Parce que vos pères
Ne vous l'ont pas dit

Écoutez-moi, je vous parle de bien loin
Par-delà le temps
Je veux vous dire
Ce que vous ne savez pas
Parce que nos paroles
N'étaient que silence

Et croyez-moi, je parle de connaissance
Par-delà le temps
Il faut savoir
Ce que vous ne savez pas
Les arbres que voilà
Ce sont nos âmes qui parlent

Il faut savoir que les fleurs et les arbres
Par-delà le temps
Ont une mémoire
Que leurs peines sont les nôtres
Les arbres que voilà
Ce sont nos âmes qui parlent

Il faut savoir que nous aurions voulu
Par-delà le temps
Rester nous-mêmes
Dans ce monde étranger…

Nous nous sommes réfugiés dans notre royaume
Longtemps le vent du lac a soufflé sur nous
Nous avons respiré le Témiscamingue
Lentement notre danse s'est figée
Comme une chute gelée

La forêt enchantée
Est-elle si enchantée ?

3 La Dame blanche

Pourquoi donc cette guerre ?
Pourquoi ces étrangers
Qui veulent nous enlever
Nos maisons, notre terre ?

Mon amour, reste ici
C'est la mort qui t'attend
Si tu vas au devant
Des armées ennemies

Mais ma mie, qu'il me dit
L'ennemi est déjà ici
Il arrive à nos portes
Le malheur il apporte

Mon amour, reste ici
Notre vie en dépend
Je t'en prie, reste ici
Sinon, je me pends

Ah ! ma belle, si tu m'aimes
Attends-moi, je t'en prie !
Ta patience ne sera pas vaine
L'ennemi sera conquis

Mais l'histoire a choisi
Qu'il n'en serait pas ainsi
L'ennemi a vaincu
Et le peuple a perdu

C'est là-bas, tout en haut
Que la fiancée a appris
Que son amour, son ami
Était mort en héros

Sans lui, la terre est vide
Et la vie perd son sens
Elle hésite, puis livide
Dans la chute elle s'élance

Dans sa belle robe blanche
Elle s'envole comme un ange
Au fond du soir qui penche
Et devient *la Dame blanche*

Si jamais, sous la lune
Dans les brumes du soir
Vous voyez dans le noir
Comme une danse nocturne
Comme un nuage blanc
Qui danse sous le vent
C'est peut-être son grand voile
Qui vole vers les étoiles

Au fond du soir qui penche
C'est la Dame blanche

4 La Griffe du Diable

Nous n'irons plus aux bleuets
Au bout du grand champ
Il y a de quoi être inquiet
Le Diable nous y attend

Et ce n'est pas une histoire
C'est la vérité
On dit que là, un bon soir
Il s'est enragé

Deux bonnes commères s'engueulaient
Criant des gros mots
«Tu prendras pas mes bleuets
Ici, c'est mon lot!»

De plus en plus, ça bardait
«Te prends-tu pour une sentinelle?», dit-elle
«Que l'Diable t'emporte», répond-elle
Et là, il apparaît

Nous n'irons plus aux bleuets
Au bout du grand champ
Il y a de quoi être inquiet
Le Diable nous y attend

Les deux commères, énervées
Se disent tout à coup
On l'a peut-être provoqué
Il sort son courroux

Une des commères a sur elle
– Quelle chance! – un chapelet
L'exhibe, d'un air solennel
Au Diable, qui chancelle

La croix, on le sait, est une arme
Puissante, efficace
Elle fait effet, sans vacarme
Et là, Satan s'efface

Nous n'irons plus aux bleuets
Au bout du grand champ
Il y a de quoi être inquiet
Le Diable nous y attend

Le Diable n'aime pas la défaite
Avant de s'en aller
Avant de faire ses pirouettes
Il s'est exprimé

Tout rouge, de peur et de rage
Au bout du grand champ
À deux, trois milles du village
Il signe furieusement

On dit qu'il signe, c'est peu dire
Ou plutôt, qu'il griffonne
Il sort ses griffes, pour écrire
Que Dieu lui pardonne!

Sur une grosse roche, dans l'rang Quatre
On voit comme des strates
Les griffes du Diable, bien gravées
Pour l'éternité

N'allez donc pas aux bleuets
Au bout du grand champ
On sait jamais, il se pourrait
(Que l'Diable vous y attende)

5 Notre-Dame-des-Neiges

Ah ! que la neige a neigé !
Est-ce pour nous faire oublier
Qu'avant-hier, quel malheur
Notre église a brûlé ?

Ah ! que la neige a neigé !
Mais que la neige est fidèle
Oui, fidèle messager,
Quand le Ciel a parlé

Ah ! que le Ciel parle clair !
Oui, car il veut qu'on l'écoute
Il arrive qu'on en doute
Mais alors, mais que faire ?

Lui, en toutes langues, il sait faire
Oui, surtout celle de l'hiver
Car ici, c'est ainsi
Qu'on a su son avis

Hier, toute la nuit y'a neigé
Puis au matin, qu'est-ce qu'on voit ?
Rien que de la neige, sur les toits
Sur les champs, sur les prés

Ah ! que la neige a neigé !
Mais, aurait-elle oublié
Un petit coin de terrain
Un carré dégagé ?

Hé ! Dites-moi, Monsieur l'curé
Mais, qui vous a protégé ?
Ah ! ma fille j'ai compris
Il a su être précis

Moi, j'ai compris son message
Moi, j'ai la foi, j'ai compris
Il m'a dit, le carré
C'est ici qu'on bâtit !

Ah ! que la neige a neigé !
Ah ! que le Ciel a parlé !
C'est demain jour de fête
Notre église va renaître... Notre église va renaître
Notre église va renaître... Notre église va renaître

6 Le cap Chat

Je sais que vous aimez les chats
Moi, j'aime bien les chats
Et puis tout le monde aime bien les chats
Pis quoi ?

J'ai vu un chat plus grand que moi
Oui, oui, croyez-moi
Oui, aussi grand qu'un monument
Comment ?

C'est que le chat près de Cap-Chat
Ah ! figurez-vous !
C'est pas un chat comme les vrais chats
Pourquoi ?

Y'avait là-bas un chat méchant
Très, très, très méchant
Et puis, un jour, il a mangé
Quoi donc ?

Sans que personne ne l'ait vu faire
Ça on le sait maintenant
Y'a dévoré une famille entière
Hein ? Toute une famille ?

Oui, une famille de petits oiseaux
Et bien pire que ça
Des écureuils, des suisses et des petits rats
Ah oui, tout ça ?

Même ceux de sa famille aussi
Ah ! Quelle gloutonnerie !
Les minous errants de tout le village
Ça, est-ce que c'est moins grave ?

Le bon Dieu s'est dit : pour le calmer
Moi, j'ai un bon truc
On va l'changer en gros rocher
Là, est-ce qu'il s'est calmé ?

Maintenant on le sait, c'est bien prouvé
Lui, c'tait pas un chat
C'était le démon en forme de chat
Mais qui a dit ça ?

Depuis ce temps-là, près de Cap-Chat
Y'a un gros rocher qui ressemble à un gros chat
Depuis c'temps-là, près de Cap-Chat
Y'a un ben gros chat tranquille,
tranquille comme ça se peut pas !
Cap-Chat, Cap-Chat, Cap-Chat,
Cap-Chat... ça, c'est Cap-Chat !

7 La Roche pleureuse

Le temps est gris et des ombres s'y promènent
Je vois d'ici tant d'étranges phénomènes

Le temps est gris et la roche épand sa peine
Serait-ce ici que la longue attente est vaine ?

Le temps est long, mais qui donc pourra comprendre
Qu'il faut dire non au destin qui veut s'étendre ?

Le temps est long et l'amour demande patience
Mais il est bon s'il nourrit la souvenance

Le temps n'est rien si demain est jour de chance
Non, il n'est rien si la peine est en partance

La mer est calme si demain est jour de chance
Dieu ait mon âme, ce sera un jour de danse !

Le lendemain, la fiancée des mers lointaines
Comprit enfin qu'en ce jour mourra sa peine

Car le destin lui a dit : l'attente est vaine
Demain matin, ce rocher coulera sa peine

La belle enfant, sans un bruit et malheureuse
Et pour longtemps est devenue *la Roche pleureuse*

Le temps est gris et la roche épand sa peine
Serait-ce ici que la longue attente est vaine ?

Ah ! j'ai compris écoutant la Roche pleureuse
J'ai bien appris que l'attente est malheureuse !
Oui, j'ai compris : écoutez la Roche pleureuse
Là-bas, ici
Faut oublier pour être heureuse
Faut oublier pour être heureuse
Faut oublier pour être heureuse

8 La Maison hantée

Entre chien et loup
Quand le ciel est rouge
Et que plus rien ne bouge
Apparaît le hibou

C'est mauvais augure
Quand à Trois-Pistoles
Cet oiseau survole
Les longues clôtures

Suivant le chemin
Qui de loin en loin
Mène à cette maison
Tout à l'abandon

Porte défoncée
Fenêtres évidées
Privées de regard
À travers brouillard

Tout est noir et gris
Comme si la vie
Avait fui ce lieu
Sans même un adieu

Mais pourquoi ces bruits
Mais qui donc gémit
Et quels sont ces pleurs
Ces chants de malheur

On dit que c'est là
Un certain printemps
Il y a bien longtemps
Qu'un drame arriva

On sait que là-bas
C'est terre de marins
Et quand on revient
C'est à qui gagnera

Des marins sur terre
C'est comme des marsouins
Quand la mer est loin
Ils perdent leurs repères

Et l'alcool aidant
Ils en viennent aux mots
Sortent leurs couteaux
Deviennent menaçants

Il y eut un mort
On en fit secret
Le silence est d'or
Et tout le monde se tait

Comme on l'enterra
Dedans la maison
Plus personne n'osa
Y faire intrusion

La maison hantée
Près de Trois-Pistoles
Prenez ma parole
Vous fait frissonner

Les âmes damnées
Sont oiseaux de malheur
Les marins noceurs
Pour l'éternité

Iront survoler
La maison hantée
Près de Trois-Pistoles

Prenez ma parole

9 Ishpatau

Shipu inniun an
Paushtuk nepun an
Akua tuta, matchi manitu teu ute

Si les bouleaux de la rivière Mingan
Pouvaient parler, ils vous diraient sûrement
Qu'il y a là des démons
Peut-être ils vous tueront

Les bouleaux noirs de la rivière Mingan
Ont souvenance d'un Indien fringant
Un Innu qui y pêchait
Ishpatau, il s'appelait

Shipu inniun an
Paushtuk nepun an
Akua tuta, matchi manitu teu ute

Les manitous de la rivière Mingan
Avaient bien dit aux gens fringants
Qu'il vaut mieux éviter
Un lieu redouté

À la décharge du grand lac Manto
Tout est calme et le ciel et l'eau
Ishpatau est là qui pêche
Confiant, il rêve

Et tout à coup, il entend une voix
Une voix étrange qui lui dit *Holà!*
Mon domaine, c'est ici
Et personne n'est admis (bis)

Mais Ishpatau, pas bien peureux
Se dit: j'ai traversé plus d'un lac ou deux
Peut-être même mille sans soucis
Sans peine et sans ennuis

Bien sûr de lui, Ishpatau s'élance
Au-dessus des eaux, voilà l'canot qui danse
Et qui saute les rapides
Et les vagues qui le guident Ishpatau…

Encore une fois, il entend une voix
Une voix méchante qui lui dit Holà!
Mon domaine, c'est ici
Ton destin le voici

Tous les bouleaux de la rivière Mingan
Notre grand Gilles l'a dit, ne sont plus blancs
Car c'est ici
Qu'Ishpatau a péri

Shipu inniun an
Paushtuk nepun an
Akua tuta, matchi manitu teu ute

Shipu inniun an
(La rivière, c'est la vie)
Paushtuk nepun an
(La chute, c'est la mort)
Akua tuta, matchi manitu teu ute
(Attention, le mauvais Manitou est là)

10 Les Guérets

Demain matin, c'est bien dimanche
Le bon curé l'a répété
Faut éviter que Dieu se venge
Oubliez pas qu'il faut prier

Les Rigaudiens sont gens de bien
Obéissants et persuadés
Qu'il faut prier, pas travailler
Se reposer jusqu'à demain

Monsieur le curé, du haut de la chaire
Récite un conte, une drôle d'affaire
C'était au temple ou à Cana,
Ah ! ça vraiment, ça on le sait pas !

Pendant ce temps-là, au bout du champ
Y'a un Jo Blo, pas ben dévot
Qui s'était dit : moi j'ai pas l'temps
D'attendre lundi pour semer mon lot

L'église est pleine et puis soudain
Entre offertoire et communion
V'là qu'on entend un son lointain
Du fond des champs, un rigodon…

Les patates de Rigaud
En voulez-vous ? Elles sont bonnes !
Les patates de Rigaud
En voulez-vous ? En v'là !

Lundi matin notre bon Jo Blo
S'en va en-haut voir si déjà
Toutes ses patates poussent comme il faut
Tout en chantant son rigodon

En arrivant dans son grand champ
Y'a pas de patates, y'a que des galets
Des pierres, des blocs, j'vous l'dis, c'est vrai
Le grand champ de roches, c'est les Guérets

Depuis c'temps là, notre bon Jo Blo
Tous les dimanches va voir son champ
Son grand champ de roches en pleurnichant
Parce que l'bon Dieu a eu sa peau

Depuis c'temps-là, bien repentant
Tous les dimanches, après le sermon
Et pas mal plus lentement qu'avant
Y chante encore son rigodon

Les patates de Rigaud
En voulez-vous ? Elles sont bonnes !
Les patates de Rigaud
En voulez-vous ? En v'là !

Crédits de production

PAROLES : **Henri Dorion**
MUSIQUE : **Nathalie Coupal**
sauf : La Maison hantée de Trois-Pistoles, musique de **Thomas Gagnon-Coupal**
La Forêt enchantée, musique de **Alexandre Dufresne**

RÉALISATION
Thomas Gagnon-Coupal
Assisté de **Nathalie Coupal** et **Alexandre Dufresne**

DIRECTION ARTISTIQUE ET ARRANGEMENTS
Thomas Gagnon-Coupal
Nathalie Coupal
Alexandre Dufresne

ENREGISTREMENT
Thomas Gagnon-Coupal
Mixé au Studio du 1036 et au Studio Northerncorp par
Thomas Gagnon-Coupal et **Thomas Lapointe**
Masterisé par **Michel F. April**, au **studio Zip**

CRÉDITS INSTRUMENTAUX
Nathalie Coupal
Voix principale, harmonies vocales, guitare acoustique, guitare électrique, charango, piano
Thomas Gagnon-Coupal
Basse, guitare acoustique, guitare électrique, synthétiseur, programmation, batterie, tamboa, harmonies vocales, piano, percussions
Alexandre Dufresne
Guitare acoustique, guitare électrique, banjo, mandoline, scie musicale, violoncelle, mélodica, percussions, piano, basse
Chantal Bergeron
Violon
Sacha Daoud
Batterie, percussions
Léa Coupal Soutière
Violoncelle, voix, bruitage

Enregistré en 2009 à la *Maison sur la montagne* (merci à **Nathalie Mondor**) et au *Piano Rouge* de la Marjolaine (merci à **Marc-André Coallier**).
Les voix ont été enregistrées par Dan Cinelli au **Studio Planète** à Montréal.

Nathalie Coupal, Thomas Gagnon-Coupal et Alexandre Dufresne

Remerciements

Nos vifs remerciements à Michel Allard, géomorphologue, Michel L'Hébreux, historien, Jean Gosselin (Air Montmagny), Dr Daniel Lacerte, Gérard R. Thériault, Stephan Barette et Sebastian Kazimierzak, pilotes, Frances Caissie, Jean-René Caron, Nataly Deschamps (Canyon Sainte-Anne), Christine Eddie, sœur Claire Gagnon, Raynald Godbout, Bénedict Kuhn, Claude L'Écuyer, Pierre Mazières, Alison McGain, Vivianne Perreault, Johanne Robitaille, Sylvain (Randonnées boréales), George Sullivan et Henriette Thériault. Ces personnes ont grandement facilité notre accès aux lieux de légendes et à la justesse de l'information.

Merci à Marie-Hélène Mollen pour les mots innus du poème *Ishpatau,* à Renée Hudon, notre première lectrice et conseillère, ainsi qu'à Guy Mercier, directeur du Département de géographie de l'Université Laval, pour avoir mis à notre disposition le grand talent de cartographe de Louise Marcoux.

Enfin, merci à Pierre Bourdon, Erwan Leseul et Diane Denoncourt pour leur confiance en notre projet. Ce livre n'aurait pas pu être ce qu'il est devenu sans les apports professionnels de Mélanie Sabourin, François Daxhelet et Karen Dorion-Coupal.

50

Suivez les Éditions de l'Homme sur le Web

Consultez notre site Internet et inscrivez-vous à l'infolettre pour rester informé en tout temps de nos publications et de nos concours en ligne. Et croisez aussi vos auteurs préférés et l'équipe des Éditions de l'Homme sur nos blogues !

www.editions-homme.com

Au cœur du Québec... la légende.

Achevé d'imprimer au Canada